매혹의 에로티시즘에서 금기의 레드 콤플렉스까지

빨강

빨강

매혹의 에로티시즘에서 금기의 레드 콤플렉스까지 — 김융희 지음

시공사

이 세상은 온갖 색으로 물들어 있다. 그 중에는 앞으로 다가오는 색이 있는가 하면 뒤로 물러나는 색도 있고, 깜짝 놀라게 하는 색이 있는가 하면 불안한 마음을 안정시키는 색도 있다. 앞을 가로막는 색이 있는가 하면 길을 비켜주는 색도 있고, 눈을 끌어당기는 색이 있는가 하면 다른 곳으로 돌리게 하는 색도 있다. 색들은 제각기 다른 방식으로 우리에게 말을 건넨다. 우리는 소리 없이 울리는 색에 둘러싸여 살아가고 있다.

　우리는 그들의 울림에 우리도 알지 못하는 방식으로 응답한다. 빨강을 만나면 멈칫하고 파랑을 만나면 어딘지 모르는 먼 곳으로 빠져든다. 초록을 만나면 편안해지고 분홍을 만나면 아늑해진다. 그러나 때로는 빨강을 만나 알 수 없는 세계에 발을 들여놓기도 하고 파랑을 만나 정신을 가다듬기도 하며 초록을 만나 현실 감각을 되찾고 분홍을 만나 발길을 돌리기도 한다. 색이란 알 수 없다. 한 가지 색이 수만 가지 방식으로 말하기도 하기 때문이다. 그렇다면 색들은 어떻게 그렇듯 많은 어휘들을 갖게 된 것일까? 혹시 우리가 미처 알아듣지 못하고 있는 색의 말은 없을까?

이 책은 색들이 보내는 울림을 알아듣기 위해 색의 세계에 들어가 본 기록이다.

색은 색 자체만으로 돌아다니지 않는다. 그것은 몸을 가지며 몸에 걸맞은 옷을 입는다. 물론 그 옷을 지어주는 것은 우리의 관념이다. 하지만 거꾸로 색의 몸이 우리의 관념에게 어떤 옷을 지어달라고 요구하기도 한다. 물론 그 옷 모양은 주변 색이 어떤 옷을 입었는지에 따라 좋은 옷인지 나쁜 옷인지, 비싼 옷인지 싼 옷인지 결정된다. 그들이 주로 입는 옷은 인간이 만든 예술 작품의 창고 속에 걸려 있다. 그런가 하면 풍문으로 떠도는 이야기 창고 속에도 있고, 꿈 속에도, 책 속에도, 그리고 길거리에도 있다.

색 중에서 가장 먼저 말을 건넨 것은 빨강이었다. 빨강은 가장 나서기 좋아하는 자신 있는 색이다. 길거리에서 만나는 빨강이 그런 성격을 잘 말해 준다. 빨강 신호등은 '거기 서!' 라고 명령하며 빨간색 표지판은 '여기 주목!' 하고 큰 소리로 외친다. 빨간색 우체통은 '나 여기 있어요!' 라고 비교적 작은 소리로 부른다. 빨강 종이는 '퇴장하시오' 라고 지시하고, 빨강 도장은 '절대 배신하면 안 돼!' 라고 협박도 서슴지 않는다. 그런가 하면 밤거리를 밝힌 빨간색 불빛은 '이리 오세요'라고 속삭인다. 물론 '절대 출입 금지'라고 단호히 밀쳐내는 빨간색도 있다. 그런데 빨간색이 보내는 출입 금지 신호는 이상하게도 그 문을 열고 싶은 호기심을 더욱 자극한다.

나는 그래서 빨강의 문을 열고 그 속에 들어가 보기로 했다. 빨강의 세계에는 대체 뭐가 있기에 그렇게 자신만만한 것일까. 자신만만한 빨강의 어휘를 익히면 다른 색들의 어휘는 쉽게 익힐 수 있지 않을까. '절대 출입 금지'라는 푯말에 어울리지 않게 빨강의 문은 의외로 쉽게 열렸다. 빨강은 사실 개방적인 색인 듯하다. 빨강의 세계로 함께 들어가 보자.

차례 CONTENTS

피의 마법

붉은 들소 · 불새와 붉은 용 · 아도니스와 석류 · 마법의 돌가루

험난한 길에 나무들이 자라고

모든 벼랑과 무덤 위에

강물과 샘물이 흘렀으며

메마른 뼈다귀들 위에는

붉은 진흙이 솟아올랐다.

— 윌리엄 블레이크, 『천국과 지옥의 결혼』 중에서

붉은 들소

횃불을 치켜든 사내가 숯검정으로 벽에 뭔가를 그리고 있다. 힘차게 뻗은 네 다리, 날렵하게 이어지는 허리선, 하늘을 향해 치솟은 머리와 뿔……. 낮에 본 들소떼다. 들소들은 거칠고 사나웠으며 사내들은 그 무리들과 맞서 이리저리 벌판을 뛰어다녔다. 사내들의 돌도끼에 붉은 피를 튀기던 들소들이 벽을 타고 뛰어다닌다. 그런데 뭔가 좀 미진하다. 사내는 다시 붉은 흙덩이들을 물에 개어 들소의 몸통에 칠한다. 다리 근육 주위에는 희끄무레한 황색을 발라본다. 드디어 들소가 살아움직인다. 몸통과 다리의 근육이 붉게 물들자 들소도 사내도 가슴이 뛰기 시작한다. 들소의 헐떡거리는 숨소리와 심장 소리가 사내의 숨소리와 섞여든다. 들소가 살아나는 것이다.

스페인 알타미라에서 발견된 구석기 시대 동굴에는 붉은색 비종 들소 그림이 있다. 벽에서 금방 튀어나와 앞으로 내달릴 것처럼 활달해 보인다. 프랑스 라스코 지방의 동굴에는 말떼와 사슴떼 그림이 긴 벽면을 따라 줄지어 있다. 그야말로 야생 동물들의 신전을 방불케 한다. 물론 붉은 들소도 있다. 그런가 하면 검은 들소처럼 보이는 짐승도 있

동굴 벽화를 그리고 있는 구석기인

색을 칠한다는 것은 사물에 숨결을 불어넣는 일이다. 색을 불어넣으면 만물은 살아움직이기 시작한다.
그는 그 순간 창조주가 된다.

는데, 등줄기에서 가슴팍에 걸쳐 붉은 반점을 커다랗게 칠해 놓았다. 마치 털갈이하는 모습 같다. 단순히 털이 붉은 들소를 그린 것일까? 혹시 검거나 누르스름한 빛이 도는 갈색 들소가 아니었을까?

이 태고의 들소 그림은 아주 어두운 동굴에서 발견되었다. 게다가 입구가 아주 좁다. 한 사람이 겨우 비집고 들어갈 만한 구멍을 지나 긴 통로를 지나면 갑자기 넓은 장소가 나오는데, 바로 그 벽에 들소 그림이 있었다. 붉은색은 들소뿐 아니라 동굴 입구에도 있었다고 한다.

인류학자들과 고미술사학자들은 동굴에 숨겨진 야생 동물들의 그림이 사냥의 성공을 기원하기 위해 치렀던 주술적 의례용이었을 것이라고 추정했다. 구석기인들은 어두운 동굴 속에 기어 들어가 자신이 사냥하고 싶은 야생 동물들을 벽에 그리면서 소원을 빌었는지도 모른다. 동굴 속에 몰래 동물들을 그려놓으면 동굴 바깥에 사냥감들이 넘쳐나리라 믿었는지도 모른다.

주술이나 마법은 모양이나 성질이 비슷해 보이는 대상을 향해 말이나 행동을 전하면 실제로 소원이 이루어진다는 믿음을 전제로 한다. 그렇다면 들소에게 붉은색을 칠하는 것 역시 그림에 피나 체온 등을 전하는 행위로 볼 수 있다. 피처럼 붉은색을 칠하면 그림 속의 들소가 피를 지닌 살아 있는 들소, 생명을 지니고 실제로 살아움직이는 들소로 변하는 것이다.

또한 살아 있는 들소 그림을 감춰둔 동굴은 대지의 자궁이다. 동굴 입구의 붉은 칠은 동굴이 흘리는 피이며, 동굴 속의 붉은 들소는 자궁에서 아이가 태어나듯이 살아서 펄펄 뛰는 진짜 들소로 태어날 것이다.

붉은 들소는 무엇보다도 대지가 감추고 있는 생명의 원천임을 암시한다. 빛 한 점 들어오지 않는 어두운 동굴 속에서 활활 타오르는 횃불을 치켜들고 붉은 들소를 그렸던 화가는 스스로 생명의 창조자라는 가슴 뛰는 벅참을 느꼈을지도 모를 일이다.

인류 역사에서 가장 먼저 색으로 인정받고 색으로 사용되었던 것이 빨강이다. 최초의 인체 조각상으로 알려진 빌렌도르프의 비너스에도, 라스코 동굴 벽의 들소 그림에도 붉은색 흔적은 빠짐없이 남겨져 있다. 어디 그뿐인가. 역사 교과서에 어김없이 등장하는 빗살무늬 토기와 민무늬 토기 역시 붉은 흙으로 만들어졌다. 중국 산동 지방에서 발굴된 구석기 유물들 중에는 붉은 빛을 띠는 적철광 목걸이도 있다. 파랑이나 초록, 노랑 등 다른 색이 나타나는 것은 먼 훗날의 일이다.

즉 빨강이 오랫동안 색을 대표하는 색으로 존재해 왔다는 얘기다. 색깔 있다는 말은 빨갛다는 것과 동일한 의미였다. 예컨대 영어의 '컬러'도 빨강을 뜻하는 '콜로라도(colorado)'에서 유래했다. 빨강은 색이 있고 없음을 가름하는 최초의 기준이 되기도 한다는 것이다. 색맹 검사에서도 빨간색을 분간하느냐 여부가 관건이 된다. 빨간색을 지각할 수 없다면 색을 볼 수 없는 것이다. 가장 두드러진 색, 가장 눈에 띄는 색, 그것이 빨강이다. 주변에 빨간색이 있다면 한번 주의를 집중해 보자. 무엇이 되었든 용감하게 돌진해 올 것이다. 그것은 우리를 넘어설 것 같기도 하고 우리를 간단히 무시할 것 같기도 하다.

우리는 빨간색 불빛 앞에서 '정지'한다. 빨강이 우리를 가로막는 것이다. 빨강을 오랫동안 주시하면 눈이 금방 피로해져서 다른 곳으로

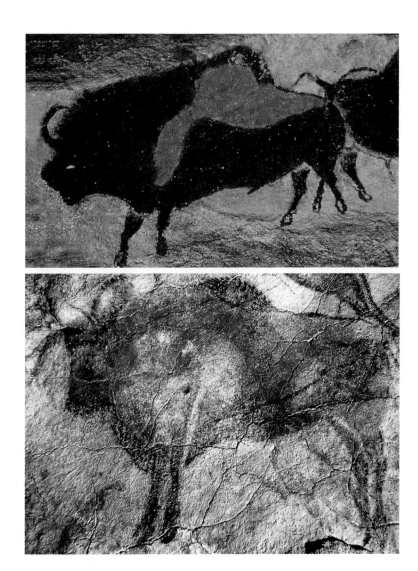

라스코와 알타미라 동굴 벽의 들소 그림
인류 역사상 가장 먼저 나타나는 색이 빨강이다. 그것은 우리 몸 속에 있을 뿐만 아니라 동물과 자연 속에
흐르고 있는 생명력과 뜨거움을 나타내는 징표이기도 했다.

시선을 돌리고 만다. 빨강이 우리 눈을 향하여 발사되는 것만 같기 때문이다. 우리는 빨강의 힘을 이길 수 없다. 빨강의 그 강렬함은 빨강을 마법의 힘을 가진 색으로 만들었다.

우리 외부에 있는 것과 우리 내면에 있는 것들간의 구분이 모호했던 옛 사람들은 빨강이 마법의 힘을 지녔다고 믿었다. 빨간색을 칠한다는 것, 빨간색으로 무언가를 만든다는 것은 보이지 않는 힘을 부여한다는 걸 의미했다. 빨강의 마법적 힘은 그것이 핏빛이라는 데서 비롯된다. 피의 생생함과 선명함, 빨간 피를 가진 것들의 생명력. 바로 그것이 태고의 인류가 빨강에 부여한 마법의 믿음이었다.

그들이 사용한 최초의 빨간색 물감은 물론 방금 터져나온 핏빛처럼 선명한 빨강은 아니었다. 인류는 선명한 빨강을 얻기 위해 좀더 오랜 시간을 기다려야만 했다. 하지만 그들이 얻은 붉은색은 동물의 피와 또다른 유사성을 지니고 있었다. 구석기 시대의 붉은 물감은 땅 속 깊은 곳에서 캐낸 적철광이 섞인 붉은 흙에 동물의 피를 섞어 만든 것이었다. 자연에 존재하는 모든 것이 영혼을 지니고 서로 교감했던 시절, 땅 속에 숨은 붉은 흙은 대지의 살갗을 뚫어야 얻을 수 있는, 땅 속을 흐르는 피였을 것이다. 땅 속 깊은 곳에서도 동물의 몸에 흐르는 피처럼 철분이 함유된 붉은 피가 흘렀던 것이다.

물론 신과 영혼이 사라진 지금은 그 붉음이 철(Fe)이라는 광물의 색으로 존재할 따름이다. 그러나 우리 몸에도 철분이라는 광물질을 함유한 피가 흐르지 않는가. 그런 의미에서 붉은 흙에 살아 있는 동물의 피를 섞어 만든 최초의 빨강은 피의 마법을 실행하는 도구였던 것이다.

피를 바르는 것은 주검에 생명을 부여하거나 다가오는 죽음을 피하기 위한 교감 주술의 한 형태이다. 빨간 피를 몸 속에 감추고 있는 것들이 살아서 신비롭게 펄펄 뛰듯이 빨간색은 모든 죽어 있는 것들, 움직이지 않는 것들에 움직이는 활력을 선사할 것이라는 믿음이 일어나지 않았을까? 빨간색으로 이루어진 것은 피를 흘리는 것, 생명을 가진 것이며, 또한 영혼을 가진 것이기도 했다. 그러므로 빨간색으로 칠하는 것은 영혼을 부여하는 일이다. 무엇인가를 그리거나 만들고 나서 빨간색을 칠하면 순식간에 살아 있는 존재, 영혼을 가진 존재가 된다. 선명하고 강렬하게 눈을 찌르는 빨강일수록 생생히 살아 있는 강인한 영혼을 가진 것이다. 반대로 빨강이 퇴색한다는 것은 죽어가는 걸 의미한다. 방금 터져나온 피는 선명한 빨강이지만 점차 생기를 잃으면 암적색으로, 갈색으로, 결국은 검은색으로 변한다. 빨강을 잃는 건 죽는 것이다. 영원히 빨강으로 남아 있다면 영원히 죽지 않는 것이다. 시간이 흘러도 퇴색하지 않는 빨강을 만들어 칠한다면 빨강을 입은 존재는 영원히 살아 무한한 힘을 갖게 될 것이다.

인류학자 로르브랑세는 들소의 몸통을 붉게 칠한 원시 화가는 그 넓은 면적을 물들이기 위해 물감을 입에 머금었다가 내뿜는 방법을 취했을 거라고 주장한다. 한번 상상해 보자. 입안 가득 붉은 물감을 물고 들소의 몸에 뿜어대던 태고적 인간의 모습을. 그는 신이 붉은 흙으로 인간의 형상을 빚어 숨결을 불어넣은 것처럼 벽에 그린 들소의 형상에 붉은 숨을 불어넣었다. 그는 진정으로 살아 있는 들소를 그리고 싶었을 것이다. 그의 가슴에 심장이 펄떡대듯이 거친 숨을 몰아쉬는 들소를 그리고 싶었을 것이다. 들소를 살아나게 만드는 힘은 살아 있는 인간의 내부에 숨쉬는 붉은 생명력, 그리고 인간을 넘어 우주에 흐르는 붉은 생명 에너지가 아니었을까.

불새와 붉은 용

색깔을 지닌다는 것은 에너지를 가지고 있다는 의미다. 우리는 색이란 빛이 만들어내는 파장이라는 것만 알 뿐 그 빛의 파장이 어떤 과정을 거쳐 특정한 색으로 지각되는지는 여전히 알지 못한다. 옛날 사람들은 외부의 색을 지각하는 것은 우리 내부에도 색과 동일한 요소가 있기 때문이라고 생각했다. 외부의 빨강을 볼 수 있는 것은 우리 눈 속에 빨강의 요소가 있기 때문이라는 것이다. 눈을 거쳐 우리 몸을, 또는 우리 혼을 흐르는 빨강의 기운이 빨간색에 반응하도록 만드는 것이다.

　소박하고 원시적인 듯 보이는 이러한 설명 방식이 우리 앞에 펼쳐진 색과 우리의 관계를 설명하는 데 더 적합해 보일 때가 있다. 현대의 용어로 바꿔 말하면 망막 세포 속의 색소 인자가 외부의 색에 반응하기 때문이라고 보면 된다. 하지만 그렇듯 명료한 설명은 우리가 왜 특정 색을 대했을 때 특별한 반응을 보이는지, 예컨대 빨간색을 보고 왜 흥분과 짜릿함, 혹은 공포나 좌절감을 느끼는지 표현하기에는 어쩐지 좀 미진해 보인다. 색이 불러일으키는 정서적 반응들을 표현하기엔 과학 이론보다 신화나 옛날 이야기가 더 그럴듯하다.

세티 1세와 하토르
하토르 여신은 대지에 풍요를 가져다주는 신이다. 그녀의 머리
위에 얹혀진 황소의 뿔과 그 뿔 안의 붉은 원은 태양으로부터
오는 생명 에너지를 담고 있는 대지의 여성적 힘을 상징한다.

고대인의 정신 세계를 표현한 신화 속에서 빨강은 지그프리트 같은 영웅이 죽여야 하는 용의 피거나 아프로디테 여신의 애인인 아도니스가 흘린 피로, 또는 번개처럼 강인한 보탄 신의 머리카락 색깔로 나타난다. 성서에 등장하는 최초의 인간인 아담은 붉은 흙 인간이란 뜻이다. 이집트인들은 자신들을 홍인종이라고 생각했을 뿐만 아니라 붉은 피부야말로 가장 우월한 종족의 상징으로 여겼다. 그래서 이집트 벽화를 보면 정통 이집트 남자는 붉은색으로, 여자는 흰색으로, 나머지 이방인들은 검은색으로 그려져 있다. 지금은 탈색되어 희뿌연 모래색으로 변해버린 스핑크스의 얼굴 역시 붉은색이었다고 한다.

이집트인들에게 빨강은 인간의 색이자 하늘과 땅을 분리한 신 '슈(Shu)'의 색이기도 하다. 슈 신은 태양신인 아툼(Atum)의 정액에서 쌍둥이 여신인 '테프누트(Tephnut)'와 함께 태어났다. 슈는 공기이자 하늘의 기둥을, 테프누트는 수증기를 나타낸다. 둘은 결혼하여 오시리스와 세트, 이시스, 네프티스 등의 자식을 낳는데, 이들은 세계 창조를 설명하는 이집트 신화, 즉 태초 신들의 계보를 형성한다. 슈 신은 하늘의 여신인 누트(Nut)의 몸을 떠받드는, 붉은 몸의 남자로 그려진다. 슈 신의 붉은 몸이 태양빛 가득한 대기를 나타낸다면 테프누트의 하얀 몸은 땅 속에서 올라오는 수증기를 나타낸다.

태양빛을 신성시했던 이집트인들은 태양의 도시라는 뜻을 가진 헬리오폴리스(Heliopolis)를 세웠고, 태양신인 아툼을 광활한 창공의 주인이자 헬리오폴리스의 주신으로 섬겼다. 아툼은 매의 머리 위에 붉은 원을 이고 있는 형상으로 그려지곤 했는데, 이 붉은 원이 바로 신성한 태양이다. 또한 태양신의 붉은 원은 누트 여신이 태양을 낳으면서 흘린 출산의 피를 상징하기도 한다. 동쪽에서 떠올라 머리 위의 하늘을 가로질러 서쪽으로 지는 태양은 이들에게 누트 여신의 뱃속에서 나와 여신의 입 속으로 삼켜지는 거대한 선박의 모습으로 그려진다.

여신은 저녁이면 태양을 삼켰다가 아침이면 다시 동쪽 지평선에 태양을 낳는다. 이렇게 사라졌다 다시 소생하는 태양은 그들에게 불사조 베누(Benu)의 모습으로 그려지기도 한다. '베누'란 '눈부심 속에 일어나다'란 뜻이다. 이집트인들은 베누를 머리에 붉은 태양을 이고 있는 노란 해오라기로 그렸다. 훗날 그리스의 역사가인 헤로도토스는 이 불사조의 이미지를 황금빛을 띤 붉은색으로 바꿔놓았다. 이집트의 베누가 그리스로 가서 '피닉스(Phoenix)'가 되는 것이다. '피닉스'란 그리스어로 '빨간색'이다.

이집트 벽화에는 뱀에게 둘러싸인 붉은 태양을 왕관처럼 쓰고 있는 매 머리 모양의 신도 있다. 하라크테(Harahkte)라는 태양신이다. 태양신은 이렇게 다양한 이름으로 불리는데, 이집트의 여러 신들이 사실은 우주가 우리에게 보여주는 여러 가지 변화의 에너지를 표현한 것이기 때문이다. 벽화를 보면 하라크테의 붉은 태양에서 꽃봉오리처럼 생긴 것들이 쏟아져 나오는데, 이것을 여인이 두 손으로 받고 있다. 태양에서 나오는 생명 에너지를 인간이 받는 그림이다. 붉은 태양을 둘러싸고 있는 뱀(정확히 말하면 코브라다)은 프라나(prana), 즉 '기(氣)'에너지를 표현한 것이다. 고대 이집트인들은 기가 태양에서 온다고 믿었고, 기는 잠재적인 상태에서는 뱀처럼 똬리를 틀고 있지만

베누를 거느린 호루스 태양신

이집트 신화 속에서 베누와 호루스, 아툼과 하라크테는 모두 태양신의 다른 이름이다.
이들은 모두 태양 에너지의 다양한 양상을 나타내고 있다.

태양신 하라크테
태양신 하라크테는 천공을 가로지르는 배를 타고 동쪽에서 출발해 서쪽으로 하늘을 항해한다.

일단 움직이기 시작하면 코브라처럼 튀어오른다고 본 것이다.

스스로를 붉은 몸 인간이라고 여겼던 이집트인들은 경외의 눈으로 바라보았던 태양의 열기와 에너지가 자신들의 몸 속에도 있다는 사실을 직감했던 것 같다. 빨강을 가지고 있는 인간은 지상의 모든 것을 소생시키고 살아 있게 만드는 태양의 힘을 나눠받은 것이다.

이제 붉은 해가 떠오르는 동쪽 나라로 가보자. 중국 신화 속에서 빨강은 이 세계의 근원적 모습을 표현하는 거대한 뱀의 색으로 등장한다. 『산해경』에는 촉룡, 촉음이라는 이 뱀이 이렇게 표현되어 있다.

서북해 밖, 붉은 물(赤水) 북쪽에 장미산(章尾山)이 있다. 이곳
에 신이 살고 있는데, 얼굴은 사람의 모습이고 몸은 뱀의 모습이

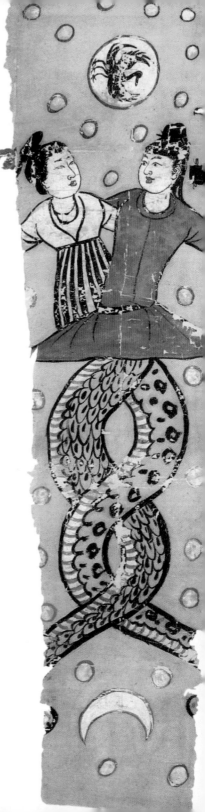

며 붉은색이다. …… 이를 촉룡(燭
龍)이라 한다.

촉음(燭陰)이 눈을 뜨면 낮이 되고
눈을 감으면 밤이 된다. 입김을 세
게 내불면 겨울이 되고, 천천히 내
쉬면 여름이 된다. 마시지도 먹지도
않으며 숨도 쉬지 않는다. 숨을 쉬
면 바람이 된다. 몸 길이가 천리다.
얼굴은 사람이고 몸은 뱀이며, 붉은
빛이다.

촉음이라고도 불리고 촉룡이라고도 불리는
이 붉은 뱀은 세상에 생명을 가져다주고 그
생명을 가진 것들을 살아움직이게 만드는 자
연의 원초적인 힘을 의미한다. 이 촉룡의 이
미지가 훗날 머리는 인간이고 몸은 뱀인 '인
두사신(人頭巳神)'의 형상으로 변한다.
  인두사신의 형상은 복희(伏羲)와 여와(女

「복희여와도」
복희와 여와는 태양과 달, 세 발 달린 까마귀와 두꺼비로 그려지기도 한다.
이들은 우주를 구성하고 있는 근원적인 에너지를 상징한다.

媧)의 모습에서도 나타나는데, 복희와 여와는 인간을 만들고 인간에게 불을 가져다주고 사냥을 가르쳤다는 중국 신화의 신들이다. 복희는 우주가 순행하는 이치인 팔괘를 구별하여 세상을 변화시키자 천하의 모든 이가 그 앞에 엎드려 본받았다고 해서 붙여진 이름이다. 여와는 신녀이자 제왕이었으며, 하루에도 일흔 번씩이나 모양이 바뀌었다고 한다. 두 신 모두 세상을 변화시키면서 그 속에서 질서를 유지하는 근원적인 힘을 상징한다. 「복희여왜도」는 남녀가 서로 한 쌍이 되어 꼬여 있는 붉은색 인두사신이 하늘로 올라가는 형상으로, 위에 붉은 동그라미 하나가 그려져 있다. 그것은 불덩어리이자 태양이며 살아 있는 모든 것들 속에서 꿈틀거리는 생명 에너지다.

원시적 생명력은 많은 문화권에서 뱀이라는 이미지로 형상화되곤 한다. 그것은 땅에서 꿈틀거리며 올라오는 생명 에너지를 나타내기도 한다. 인도의 요가 전통에서는 이 생명 에너지를 '쿤달리니'라고 불렀다. 우리 몸의 하단전 아래에는 쿤달리니 에너지가 뱀처럼 똬리를 틀고 있다고 한다. 요가 수행이란 잠자는 쿤달리니 에너지를 깨워 척추를 타고 정수리까지 상승시키는 수행이다. 그 에너지가 정수리에 도달하면 인간은 한 차원 높은 의식을 지닌 존재로 거듭난다고 한다. 그런데 이 쿤달리니 에너지가 상승하기 전의 맨 처음 상태를 나타내는 색이 바로 빨강이다.

쿤달리니 에너지가 통과하는 몸의 몇몇 지점을 '차크라'라고 하는데, 제1 차크라가 빨간색이다. 최초의 빨간색 에너지는 주황색과 노란색을 거쳐 초록색으로, 다시 하늘색과 청색, 보라색으로 변한다. 몸에

우리 몸의 차크라
요가 수행자들은 우리 몸 속에 일곱 개의 에너지 센터가 있다고 한다. 마치 무지개 색처럼 나타나는 차크라의 색조들 중 가장 원초적인 색이 빨강이다.

서 어떤 차크라의 힘이 강한가에 따라 그 사람을 둘러싸고 있는 영체의 빛깔도 달라진다고 한다. 이 영체의 빛깔을 '오라' 라고 부르는데, 빨간색 오라를 지닌 사람은 혈기왕성한 육체 에너지를 가졌다고 여긴다. 빨간색 오라는 인간의 원초적인 육체적 생명력을 표현한다. 생존을 위한 육체의 근원적인 에너지 색이 바로 빨강인 것이다.

우리 몸 안에 자리잡은 붉은 뱀의 쿤달리니 에너지와 우주에 두루 퍼져 있는 생명 원리로서의 붉은 뱀은 모두 불처럼 아래에서 위로 상승하는 동일한 에너지다. 중국인들은 아래에서 위로 상승하는 우주의 보편적 에너지를 날아오르는 용과 봉황으로 표현했다.

중국의 미학자인 리쩌호우는 몸이 붉은색 뱀인 인두사신의 이미지에서 중국인의 심성인 '용비봉무(龍飛鳳舞)' 정신을 찾아냈다. '용이 날아오르고 봉황이 춤춘다'는 뜻의 '용비봉무'란 '맹렬하고 당당하며, 진취적이고 열광적인 분위기'를 말한다. 그는 이 용비봉무 정신이 고대의 마법과 의례에 힘을 부여했다고 말한다. 붉은색은 용비봉무 정신의 표현으로, 넓은 세상을 호령하고 하늘로 날아오르는 힘찬 기상을 상징한다. 중국인들은 문화 전반에 붉은색을 사용하면서 용비봉무 정

자금성의 오봉루
중국인들에게 빨강은 힘과 행운을 가져다 주는 색이다. 그들은 집의 벽과 기둥을 붉게 물들였고 붉은 등을 밝혀 복을 기원했다.

신을 꿈꾸고 실현하고자 한 것이다.

중국인들은 유난히 붉은색을 좋아한다. 명절이면 붉은 옷을 입고 붉은 폭죽을 터뜨린다. 결혼식이나 생일같이 축하할 일이 있을 때도 붉은 옷을 입고 좋은 날에는 집집마다 붉은 등을 내건다. 그들에게 빨강은 행운을 가져다주고 악귀를 쫓는 색이다. 용이 날아오르고 봉황이 춤추는 분위기를 상상해 보라. 세상살이의 그늘과 고통은 어디론가 사라지고 밝고 환하며 명랑한 기운이 가득하다. 크고 신령스러운 동물들이 춤을 추니 명랑하나 가볍지 않으며 호방하기까지 하다. 중국인들이 빨강을 통해 추구하고자 한 것은 이러한 호방함과 생명력에 대한 숭배가 아니었을까.

조금 더 동쪽으로 가보자. 고구려 시대의 고분인 강서중묘의 사신도에는 붉은 새 '주작(朱雀)'이 그려져 있다. 주작은 남쪽을 지킨다고 알려진 신화 속의 새다. 남쪽은 음양오행론에서 불 기운이 다스리는 장소이므로 주작은 불새인 셈이다. 언뜻 보면 닭 같기도 하고 봉황 같기도 하며 양날개는 마치 불꽃처럼 뻗어 있다. 불새는 동서양을 막론하고 재생과 부활을 상징한다.

흔히 피닉스라고 알려진 불새는 불 속에서 태어나 불 속에서 죽는다. 물론 부활과 재생을 위한 죽음이다. 피닉스는 몇백 년마다 한 번씩 스스로 제 몸을 불태우고 사흘 뒤에 그 재에서 되살아나 솟아오른다고 한다. 죽음과 동시에 또 다른 불새로 태어남으로써 영원을 사는 것이다. 그것은 또한 제 몸을 태워 스스로를 정화시킴으로써 되살아나는 영혼의 불멸을 나타내기도 한다. '빨강'이란 뜻의 피닉스는 영원한 생명을 상징한다.

주작은 유해를 안치하는 현실(玄室) 벽면에 신화 속의 다른 동물들과 함께 그려졌을 뿐만 아니라 고분의 입구에도 그려져 있다. 주작이 죽은 자의 영혼을 하늘로 데려다준다고 믿었기 때문이다. 고대 상징 체계에서 새는 지상과 천상, 삶과 죽음 등 서로 멀리 떨어져 있는 듯 보이는 두 세계를 오가는 존재로 그려진다. 그래서 날개 달린 자는 다른 세계를 넘나드는 신의 심부름꾼임을 나타내곤 한다.

주작 역시 이승과 저승, 삶과 죽음을 오가면서 인간에게 불멸의 세계에 대한 믿음을 전해주는 존재다. 불새처럼 스스로 불에 뛰어들어 단련과 정화를 거친 영혼만이 영원으로 나아갈 수 있다는 지혜를 전해주기도 한다. 주작을 그렸던 고구려인들은 영혼의 불멸과 재생을 믿었음이 틀림없다.

주작이나 피닉스로 형상화되는 불새의 이미지는 빨간색이 영원한 생명력에 대한 희구와 믿음과 관계되어 있음을 알려준다. 그것은 또한 피의 빨간색이 지니는 생생함이나 불의 밝음과 뜨거움에 대한 외경심의 발로이기도 하다. 그러한 외경심이 빨간색에 부여된 마법적 힘의 근원인 것이다.

마법적 힘을 지닌 빨강은 우리 안에도 있고 우리 바깥에도 있다. 그것은 모든 살아 있는 것들을 살아숨쉬게 만드는 근원적 생명 에너지의 색이다. 고대 이집트인들은 그것이 태양으로부터 오는 것이라 생각했고, 중국인들은 땅에서 올라온다고 생각했다. 신화 속에서 불은 하늘로부터 오는가 하면 동물들을 살아 펄펄 뛰게 만드는 피는 땅에서 온

강서중묘의 「사신도」 중 주작
고구려 사람들은 남쪽을 불의 기운이 다스린다고 생각했다. 주사로 붉게 칠한 주작은
불의 화신이자 불멸의 화신이다.

다. 하늘의 불과 땅의 피는 한 가족이다. 우리는 가장 원초적인 빨강의 에너지가 없다면 살아 있을 수 없을 것이다. 과거 사람들은 그 에너지를 하늘에서 땅으로, 땅에서 하늘로 이어주는 것이 새나 뱀이라 생각했던 것 같다. 불새와 붉은 용은 그러므로 우주 속에 깃들어 있는 생명 에너지를 실어나르는 신성한 동물들이다. 그리고 그들이 실어나르는 빨강은 우리 몸 속에 피로 흐르고 있다. 그들이 빨강을 옮겨 주면 모든 시들어가는 것들, 생명을 잃어가는 것들은 다시 힘을 얻게 된다. 그것이 빨강의 마법이다.

아도니스와 석류

오랫동안 빨강은 불의 색이자 피의 색이었다. 인도–유럽어권에서 빨강을 뜻하는 'red', 'rouge', 'rot', 'rosso'는 산스크리트어 'Rudhira'에서 비롯된 말들인데, '루디라'는 '피'를 의미한다. 아즈텍 사람들은 빨강을 '틀라우이틀(tlauitle)'이라 불렀는데, '빛난다'는 의미다. 그것은 태양과 불처럼 빛나는 것들의 색인 동시에 갓 터져나온 피의 색이다.

빨강은 불처럼 위로 솟아오르며 불처럼 뜨겁게 타오른다. 그리고 방금 터져나온 피처럼 생생하고 강렬하다. 계속해서 변치 않는 빨간색으로 남을 수 있는 것들은 죽지 않으며, 인간보다 더 강한 힘을 지니고 있을 것이다. 그래서 빨강은 생명을 지배하는 힘을 가지며, 그런 만큼 거부할 수 없고 두려운 존재이기도 하다.

미소년의 빨간 피에서 솟아나 아네모네가 되었다는 아도니스 신화는 빨강의 재생력과 영원성을 보여주는 또 하나의 예다. 붉은 아네모네의 전설로 알려진 아도니스는 원래 시리아의 신이며, 주인을 의미하는 '아돈(adon)'에서 유래했다. 그리스 신화에서 아도니스는 아름다움

네팔의 탕카
빨강은 불멸의 색이다. 빨강으로
빛나는 것은 죽어도 죽지 않는 영원한
존재이다.

의 여신인 아프로디테의 사랑을 받다 흉폭한 멧돼지에게 받쳐 피를 흘
리며 죽는다.

그런데 아도니스를 신으로 섬겼던 시리아에서는 멧돼지 역시 신성한
동물로 받들었다. 그리스 신화가 올림푸스 신전의 열두 신을 중심으로
정리되면서 주변 민족의 다양한 신들이 열두 신의 하위 존재로 자리매
김하게 되었는데, 이 과정에서 아도니스는 신이 아닌 미소년으로, 멧
돼지는 신성한 자연의 힘이 아니라 여신의 애인을 앗아간 포악한 짐승
으로 격하되었던 것 같다. 어쨌든 아도니스가 죽자 붉은 피가 흘러나
왔고 아프로디테는 운명의 여신들을 비난하면서 말한다.

이제 그들의 승리는 한 번으로 끝났다. 그러나 나의 슬픔의 애도는 사라지지 않을 것이다. 나의 아도니스여, 네가 죽고 내가 애통해하는 광경은 매년 달라질 것이다. 너의 피는 꽃으로 변할 것이다. 누구도 이를 시기하지 못하며 누구도 이를 빼앗지 못할 것이다.

아프로디테는 아도니스가 흘린 피 위에 신들의 음료인 넥타를 부었고, 잠시 후 핏빛 꽃 한 송이가 피어났다. 그 꽃은 바람이 한번 불면 피었다가 또다시 바람이 불면 져버리고 말아 사람들이 바람꽃 아네모네라 불렀다.

한편 아도니스는 아프로디테뿐 아니라 저승의 여왕인 페르세포네의 사랑도 받았다. 두 여신은 아도니스를 사이에 두고 격렬한 말다툼을 벌였고, 결국 제우스가 나서서 아도니스에게 1년의 3분의 1은 아프로디테와, 3분의 1은 페르세포네와, 나머지 3분의 1은 혼자 살라고 명령한다. 그래서 아도니스이자 아네모네는 해마다 아름답게 꽃피었다 땅속 깊이 잠들며 죽음과 재생을 반복한다.

아도니스는 바빌로니아 신화에서는 '탐무즈(Tamuz)'로, 독일 신화에서는 오딘의 둘째아들인 '발데르(Balder)'로 알려져 있다. 이들은 죽었다 다시 살아나는 신이며 '피를 흘리는 신'이다. 피 흘리는 신의 빨강은 죽어도 죽지 않는다. 또는 반드시 죽을 수밖에 없지만 영원히 죽을 수 없는 것의 이름이기도 하다.

아도니스가 남긴 불멸의 빨강이 아네모네 꽃 속에 있다면 아도니스

「아도니스와 아프로디테」, 피터 폴 루벤스

아네모네로 피어난 아도니스의 피는 불멸의 빨강을 나타낸다.
그것은 죽어도 죽지 않는 신의 빨강, 끝없이 되살아나는 생명을 의미한다.

를 사랑했던 또 다른 여신인 페르세포네 역시 빨간색 열매 때문에 죽음과 불멸을 한꺼번에 안고 사는 존재가 된다.

페르세포네는 원래 대지의 여신 데메테르의 딸이었다. 초원의 꽃나무를 벗삼아 뛰놀던 페르세포네는 저승신 하데스의 눈에 띄었고, 하데스는 페르세포네를 저승으로 납치해 아내로 삼았다. 데메테르는 잃어버린 딸을 찾아 사방을 헤맸고, 대지의 여신이 슬픔에 젖자 꽃과 나무, 풀이 모두 말라죽었다.

데메테르가 마법의 여신 헤카테의 도움을 받아 하데스를 찾았을 때는 이미 페르세포네가 저승의 석류 열매 세 알을 먹은 뒤였다. 데메테르는 페르세포네를 찾았지만 딸을 온전히 땅 위 세상으로 데려갈 수는 없었다. 페르세포네가 저승의 열매를 먹은 이상 땅 속에서 하데스의 아내로 머물러야 하기 때문이다. 그리하여 데메테르가 페르세포네를 되찾아 함께 지내는 1년 중 아홉 달은 대지의 여신이 내리는 축복이 가득하지만 나머지 석 달은 여신의 한숨과 눈물로 땅 위의 모든 것은 움츠러들고 숨을 죽인다.

여기서 붉은 열매 석류는 페르세포네를 저승에 묶어두는 역할을 한다. 그녀는 석류 열매를 먹었기 때문에 이승으로 왔다가 다시 저승으로 되돌아가야 하고, 저승에서 이승으로 되돌아오기도 한다. 그녀는 죽음과 삶을 오가는 존재이며 그 오고감 속에서 풍요를 선사하는 여신이다.

붉은 껍질 안에 수백 개의 빨간색 알갱이를 숨기고 있는 석류는 저승의 여신이 가져다주는 풍요로움을 상징하기도 한다. 그것은 저승의 피다. 그녀가 하데스에게 이끌려 저승에 갔다는 것은 죽음을 의미한다. 하지만 그녀는 저승의 피를 받아먹고 다시 살아서 이승으로 되돌아온다. 페르세포네 역시 아도니스처럼 죽어도 죽지 않는 존재인 것이다. 오히려 죽음과 삶, 소멸과 재생을 반복하며 그럼으로써 지상에 풍요를 가져다주는 존재라 할 수 있다.

단단한 껍질 속에 숨어 보석처럼 빛나는 핏빛 석류알들은 페르세포네가 간직한 재생의 신비를 암시한다. 그것은 저승의 여왕이 품은 생명의 에너지, 땅 속 깊이 숨어 죽은 듯이 보이는 생명의 근원적이고도 은밀한 힘을 암시하는 상징이다.

죽어도 죽지 않는 빨강의 이미지를 악기의 삶에 부여한 영화가 있다. 프랑수아 지라르 감독이 만든 〈레드 바이올린〉(1999)인데, 레드 바이올린은 말 그대로 빨강 바이올린이다. 하지만 빨간색 물감을 칠한 바이올린이 아니라 빨강처럼 영원하고 빨강처럼 값진, 그리고 빨강처럼 아름다운 바이올린을 뜻하는 이름이다.

영화에는 부조티라는 바이올린 제작의 명인이 바이올린에 죽은 아내의 피를 바르는 장면이 나온다. 부조티가 사랑한 아내 안나는 아기를 낳다 죽고, 슬픔에 젖은 부조티는 죽은 아내의 팔에 상처를 내어 붉은 피를 받는다. 부조티는 그 피를 바이올린에 칠하고, 그 피와 함께 죽은 아내의 영혼이 담긴 바이올린은 몇백 년에 걸친 긴 여행을 시작한다.

바이올린은 알프스의 수도원에서 어린 소년의 손에 들려 신을 향한 높고도 슬픈 소리를 낸다. 소년이 갑작스런 심장발작으로 죽자 바이올린 역시 소년과 함께 무덤에 묻힌다.

그러나 다시 시간이 흘러 무덤 속에서 꺼내진 바이올린은 이리저리 떠돌다 한 집시의 손을 거쳐 19세기 천재 바이올리니스트 포프의 손에 쥐어진다. 바이올린은 포프의 손에서 비로소 격렬하고도 열정적인 소리를 낸다.

그에게 바이올린 연주는 현을 울려 신들린 듯한 음악을 만들어내는 일임과 동시에 여인의 몸 위에서 섹스의 울림을 만들어내는 도구이기도 하다. 바이올린 연주와 함께 하는 섹스는 그에게 광적인 영감을 제공해 준다. 하지만 그 장면을 목격한 그의 아내는 바이올린을 부서버린다. 바이올린의 두 번째 죽음과 함께 바이올린의 주인인 포프 역시 자살로 생을 마감한다.

그러나 바이올린은 또다시 살아나 이번에는 문화혁명기의 중국을 거친다. 서양에서 들어온 모든 것이 불살라지는 시대에 레드 바이올린은 음악을 사랑하는 중국인 연주자 덕분에 살아남아 마지막으로 스트라디바리우스 경매장의 무대 위에 전설적인 레드 바이올린으로 모습을 드러낸다.

〈레드 바이올린〉은 심혼이 담긴 바이올린의 이름이며 수백 년을 거쳐 불멸에 이르는 음악과 영혼의 이야기다. 불멸의 바이올린에서 울려나오는 소리는 슬프고 장엄한 천상의 소리를 내기도 하고 불안하게 고막을 찢을 듯하면서도 현란하기 그지없는 쾌락의 소리를 내기도 한다.

바이올린 주인의 죽음과 함께 바이올린 역시 몇 번의 죽음을 경험하지만 그 죽음은 영원한 죽음이 아니라 계속 되살아나는 윤회다. 레드 바이올린은 불멸의 바이올린, 영원을 사는 바이올린의 이름인 것이다.

마법의 돌가루

빨간색이 영원과 불멸의 상징으로 사용되는 것은 빨간색이 보여주는 생생함과 강렬함에 있다. 그러나 빨강은 가장 산화되기 쉬운 색이기도 하다. 오래된 책이나 사진을 꺼내보면 가장 먼저 색을 잃는 것이 빨강이다. 그것은 불과도 같아서 다른 어떤 색보다 빨리 소진된다. 또한 자연 속에서 나타나는 빨강은 너무 쉽게 사라진다. 이글거리며 빨갛게 타오르는 태양도 아침 저녁 잠깐만 빨강으로 있을 뿐이며 불타 오르는 붉은 장미 역시 시들면 탁한 갈색으로 변해버린다. 그토록 강렬하게 눈과 마음을 자극하는 동물의 빨간 피 역시 시간이 흐르면 말라서 거무튀튀하게 변해버리지 않는가. 변하지 않고 영원히 빨강으로 남는 자연의 물질은 어디에 있을까(오랜 세월 변치 않는 빨강을 유지할 수 있다면 그것은 당연히 영원히 살아 있는 힘을 가진 것과 동일시될 것이다).

땅 속 깊은 곳에 숨겨져 신의 빛을 담고 있는 돌들, 바로 보석이다. 루비, 석류석(garnet), 혈석(bloodstone), 홍옥 등의 붉은 보석들은 시간이 흘러도 색이 변하지 않는다. 그 이름만 들어도 이 빛나는 돌조각들 속에 땅 속의 영원한 생명의 비밀이 숨겨진 것처럼 보이지 않는

홍옥과 마노, 조개껍데기로 만든 장신구

붉은 보석 안에는 태양과 불, 피의 힘이 담겨 있다.
그러므로 붉은색 보석을 몸에 지닌 사람은 그 모든 힘을 소유하게 된다.

가. 그 속에는 붉은 태양과 불새, 페르세포네의 석류, 지하 세계의 피가 담겨 있다.

붉은 보석뿐 아니라 모든 보석은 신의 빛을 감춘 광물로 여겨져 왔다. 푸른 사파이어와 청금석에는 하늘의 신성함이, 에메랄드와 아쿠아머린에는 물과 초목의 신성함이 빛나고 있다. 보석은 세상의 모든 빛들을 간직하고 있는 것이다. 사람들은 보석이 지닌 변하지 않는 빛과 색이 신비한 힘을 가진다고 생각했으며, 보석을 지니면 그 힘을 나눠 받을 수 있다고 믿었다. 예컨대 사파이어나 터키석 같은 푸른색 보석은 시력을 좋게 할 뿐 아니라 악마의 시선을 물리쳐주고 보라색 자수정은 행복한 꿈을 선사한다.

빨간색 보석들에는 어떤 믿음을 부여했을까? 석류석과 홍옥, 루비는 모두 불의 열정이나 피의 생명력 같은 빨강의 속성을 공유하고 있다. 이들은 불과 전갈의 위험에서 몸을 지켜주고 심장 질환과 고혈압을 치료해 준다. 뿐만 아니라 내면을 강건하게 해주고 승리와 권력을 가져다준다. 현대의 시각으로 보면 빨간색 보석들이 지닌 여러 가지 힘들이 서로 아무런 관련이 없는 것처럼 보이지만 색을 중심으로 짜여진 또 다른 세계관 속에서는 아주 밀접하게 연루되어 있다. 하늘에서 이글거리는 태양과 땅 위에서 타오르는 불, 동물의 몸 속을 흐르는 피, 땅 속에 묻힌 붉은 흙과 광물은 모두 빨강이라는 이름을 공유하는 가족이다. 이 가족에는 하늘 위의 양자리와 전갈자리, 그리고 화성이라는 별도 끼어 있다(양자리와 전갈자리가 모두 붉은 별 화성의 지배를 받기 때문이다. 자세한 이야기는 '붉은 혁명'에서 하겠다).

그러므로 살아 있는 동물의 피나 피의 원천인 심장을 꺼내 제사 지내는 것은 하늘 위의 불인 태양에 영향을 미치는 일이 된다. 그 반대도 마찬가지다. 태양은 하늘의 심장이며 하늘의 심장이 멎는다면 세상은 죽음을 맞이할 것이다. 하늘의 심장이 멎지 않도록 사람들은 지상에 있는 동물의 심장을 하늘에 바쳤다. 또한 영원히 변하지 않는 빨강을 소유하는 자는 태양 같은 힘과 영광을 지니게 된다. 루비와 석류석으로 장식한 왕관을 쓰는 자는 지상의 태양인 것이다. 또한 붉은 보석을 지닌 자는 태양의 힘을 나눠받는다. 태양이 하늘의 심장이듯 붉은색 보석은 심장을 강하게 해주고, 강한 심장은 우리를 혈기 왕성하게 하고 우리에게 행운을 가져다준다. 그러나 심장의 힘이 지나칠 때는 분노를 부추기고 폭력을 부르기도 한다. 이 모든 것들이 빨강의 영역이다. 붉은 보석들은 이 모든 일들을 관장한다.

붉은 보석을 몸에 걸쳤다는 것은 빨강의 영역에 힘을 행사한다는 것이다. 그러므로 보석은 아무나 걸칠 수 있는 것이 아니었다. 지금은 합금 기술이 발달하여 인조 보석도 많아졌고 채굴량도 늘었지만 예전에는 그렇지 않았다. 보석은 당연히 힘을 지닌 자들의 수중에 들어갔고 보석을 소유하는 자는 강한 힘을 가진 자라는 표시가 되었던 것이다. 특히 빨간색 보석을 소유할 수 있는 자는 태양 같은 권력과 영광을 지녔으므로 태양 같은 전권을 휘두를 수 있었다. 그 힘이 바로 불변하는 빨강의 힘인 것이다.

보석뿐만 아니라 빨간색으로 쓰여진 문자나 그림 역시 현실적으로 특별한 물리력을 행사한다. 빨간 줄이 그어졌다는 것은 강력한 부정의

중국 증나라의 천상의 지도와 고대 이집트의 부적, 그리고 건륭제의 인장
붉은색으로 쓰여진 글씨나 그림은 함부로 대할 수 없는 힘을 가지고 있다.
그것은 그 자체로 힘과 권위의 표상이다.

의미를 지닌다. 붉은색 인주에 눌러 찍는 도장의 경우는 또 어떤가. 도장을 찍었다는 것은 어길 수 없는 약속을 했고, 약속의 위반에는 대가와 물리적 강제력이 따라온다는 것을 의미한다. 그것은 피로써 맹세하는 것과도 같은 거부할 수 없는 단호함을 지닌다.

붉은 인장뿐만이 아니다. 부적은 또 어떠한가. 소위 사악한 기운을 물리쳐 재앙을 피하고 복을 가져다준다는 부적은 종류에 관계없이 붉은색으로 그린다. 부적에 사용하는 붉은 물감은 '주사(朱砂)'라는 것인데 인주의 재료로 쓰이기도 한다. 주사란 원래 수은 광맥에서 캐낸 붉은색 돌을 말한다. 천연 상태의 주사는 가벼운 광택을 지니는데, 특히 거울처럼 매끄럽게 빛나는 것을 일컬어 '경면주사(鏡面朱砂)'라고 한다. 부적의 안료로 쓰이는 주사가 이 경면주사다. 경면주사로 그린 그림이나 글씨는 반짝이는 금빛을 띤 붉은색이며, 주사 가운데 으뜸으로 여겨진다. 빛나는 붉은 빛이 귀신을 쫓을 정도의 힘을 지녔다고 믿어서 부적에 썼을지도 모르겠다. 하지만 이유가 그리 간단하지만은 않은 듯싶다.

경면주사뿐 아니라 천연 주사는 수은과 유황의 화합물로 이루어져 있다. 중국은 오래전부터 서양의 연금술에 해당하는 연단술이 발달해 왔는데, 이때 '단(丹)'이란 인간을 신선으로 만들어 불로장생하게 해주는 붉은 돌, 서양식으로 말하면 천한 비금속을 황금으로 만들어준다는 '현자의 돌'을 의미한다. 이 '단' 또는 '현자의 돌'은 수은과 유황의 인공적인 결합을 기본으로 만들어진다.

서양 연금술에서는 유황과 수은과 소금을 플라스크에 넣고 끓이면 이 세 가지 물질들이 뒤엉켜 여러 가지 색으로 변하는 가운데 최종적으로 현자의 돌로 완성된다고 한다. 최초로 나타나는 색은 시커먼 재색이다. 이 검은색 재가 흰색으로 변하고 뒤이어 녹색이 나타났다가 최종적으로 도달하는 색이 빨강이다. 이 마지막 단계를 가리켜 금속이 피를 흘리는 단계, 다시 말해 생명을 얻는 단계라고 했다. 마지막 색이 빨강이라는 사실은 유황과 수은의 화합물이 단순한 물질이 아니라 마

조선 시대 왕가의 먹과 중국 건륭제의 주묵
천연 주사를 가졌다는 건 그 자체로 불멸의 힘을 지니고 있다는 의미였다.
주사로 쓴 글씨나 그림은 귀신도 쫓을 만한 힘을 지닌 것으로 여겨졌다.

법적인 힘을 발휘하는 생명력을 가진 신비한 물질로 바뀐다는 사실을 나타낸다.

하지만 그 붉은 돌은 쉽게 얻어지지 않는다. 수은과 유황의 결합이란 상징적 결합을 일컫는 말로, 우주에 퍼져서 서로 상반된 모습으로 나타나는 에너지의 결합을 의미하는 것이기 때문이다. 예컨대 달과 태양, 여성과 남성, 차가움과 뜨거움, 습함과 건조함 등 서로 섞일 수 없는 것처럼 보이는 세상의 모든 양극적 속성들을 하나로 통일하는 일을 의미했다. 그것은 음과 양을 합치는 일이었다. 동양에서는 음양의 합 속에서 모든 생명이 태어난다고 하지 않는가. 우리 몸 배꼽 아래쪽으로 세 치 부분을 단전(丹田)이라고 한다. 생명의 밭인 것이다. 단전이

마왕퇴 고분에서 출토된 붉은 옷과 고려 시대 「아미타여래도」
붉은 단사를 얻는 것은 음과 양을 하나로 합한다는 의미였다. 즉 불멸의 몸과 영혼을 얻는다는 의미였다.

불처럼 뜨거울 때 인간의 몸 속에서는 생명을 잉태한 정기가 샘솟는다. 동양의 연단술은 불사의 약을 얻는 동시에 불사의 몸을 지니는 수련을 의미한다.

주사의 이야기로 돌아가자. 인공으로 주사를 얻는다는 것은 생명을 만들어내는 일이었다. 그렇게 만들어진 주사로 쓰여진 문서가 강력한 힘을 갖는다는 것은 당연한 일이 아니었을까. 실제로 주사는 요즘의 실용적 관념으로 보아도 살균 효과와 해독력이라는 과학적 효능을 가지고 있다. 그래서 간혹 한약재의 첨가물로 쓰이기도 한다. 어디 그것뿐이었을까. 주사의 효과를 현대의 과학으로 해석하는 단순한 물리력에만 제한시킬 수는 없을 것이다. 어찌 보면 그 효과는 빨간색이 우리의 마음과 영혼에 미치는 힘에서 비롯되는 것이기도 하다.

주사는 우리나라를 비롯한 동아시아, 그 중에서도 중국에서 귀하고도 중요한 염료로 여겨졌고, 그 때문에 황제는 주사로 먹을 만들어 인장과 글씨에 사용함으로써 권위와 위엄을 나타냈다. 천연 주사로 만든 붉은색은 시간이 흘러도 변하지 않으며 불에 그을어도 다시 붉은색으로 돌아온다고 한다. 마법의 빨강답지 않은가. 빨강에는 불멸의 혼이 담겨 있다. 불멸에 대한 믿음은 빨강에 권위를, 사랑을, 그리고 두려움과 공포에 이르는 외경심을 부여한다.

성스러움과
광기

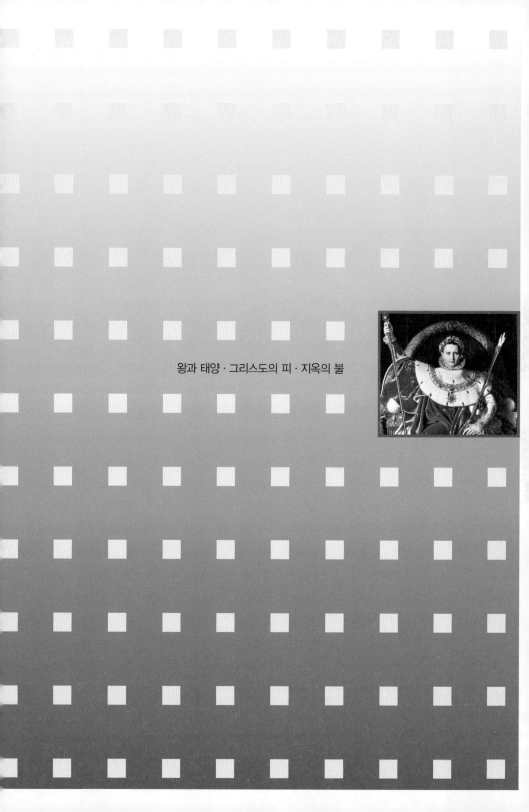

왕과 태양 · 그리스도의 피 · 지옥의 불

나는 신이다.

나는 활짝 피어남이며, 나는 지고의 즐거움이다.

나는 모든 것을 불태우고, 모든 것을 삼키는 정열이다.

나는 우주를 뒤덮는 불길이다.

—스크리야빈, 〈프로메테우스, 불의 시〉 중에서

왕과 태양

해마다 열리는 국제 영화제 개막식장에는 '레드 카펫'이라는 빨간색 카펫이 깔린다. 레드 카펫을 밟고 영화제의 개막식에 입장하는 것은 모름지기 국제적 스타임을 나타내는 징표다. 레드 카펫을 밟고 입장하는 사람들의 표정과 몸짓을 보라. 모든 이의 시선을 한몸에 받는 사람의 자신감과 도도함이 가득 담겨 있다. 그들은 그 순간 보통 사람이 아닌 것이다.

레드 카펫이 영화제 행사에만 등장하는 것은 아니다. 외국에서 영향력 있는 정치가가 방문하면 항

레드 카펫
레드 카펫을 밟는 자들은 눈에 잘 띄는 특별한 사람들이다.
그들에게는 늘 소문내야 할 이야기거리들이 따라다닌다.

퐁텐블로 궁전 나폴레옹 황제의 방

전 유럽을 통일한 거대 제국을 꿈꾸었던 나폴레옹은 로마의 권력과 영광을 대물림하고 싶어했다.
권위의 표상으로 사용되는 빨간색 빌로드 천으로 감싸인 문서나 훈장 등은 로마에서 나폴레옹으로
이어지는 제국주의적 권력의 표상을 담고 있다.

공기 출구에서부터 마중 나온 사람들(역시 정치인들)이 있는 곳까지 레드 카펫을 깔아놓는다. 또는 의장대의 팡파르를 배경으로 걸어가는 길에도 레드 카펫이 깔려 있다. 레드 카펫을 밟고 지나가는 사람들 주변에서는 늘 카메라 플래시가 터지고 사람들에게 회자될 이야깃거리가 준비되어 있다. 그들은 볼거리, 얘깃거리를 제공하는 특별한 인물들이다.

그런데 왜 하필 빨간색 카펫일까? 파랑도 노랑도, 보라도 아닌 빨강인 이유가 뭘까? 빨강이 눈에 잘 띄기 때문일까? 빨강이 멀리서도 알아볼 수 있는 강한 채도와 명도를 동시에 갖춘 색임에는 틀림없다. 하지만 단순히 눈에 잘 띈다는 이유 외에 다른 이유들이 있지 않을까?

빨강은 오랫동안 보통 사람이 몸에 걸치거나 함부로 사용할 수 없는 특별한 색으로 여겨졌다. 빨간색 옷을 입는다는 것은 범접하기 어려운 권위와 명예를 지녔음을 의미하거나, 그와 정반대로 사회에서 쉽사리 받아들일 수 없는 도발로 인한 불명예를 감수하겠다는 것을 의미했다. 어느 쪽이 되었든 빨강은 눈에 띄지 않고 조용히 살아가는 보통 사람들의 평범한 이미지하고 쉽게 결부되지 않는다. 빨강이 튀는 색인 것만은 틀림없다.

그런데 평범한 것들하고 두드러지게 차이나는 그 유별남이 다행스럽게도 한 공동체 내에서 존경받는 힘을 가진 경우에는 비범함과 위대함을 나타내는 상징이 되었다가 거꾸로 그 유별남이 무시할 만한 것들이거나 보통 사람들을 불편하게 자극하는 것이 되었을 때는 영락없이 불명예를 나타내는 상징으로 변해버리곤 한다. 빨강에게 부여된 가치도 마찬가지다. 로마 시대부터 중세에 이르기까지 빨강은 오직 황제와 귀족, 또는 성직자에게만 허용되는 고귀한 색이었지만 청교도 정신이 서구 유럽을 지배한 뒤로는 창녀와 사창가로 대표되는 불순과 타락, 또는 정화되지 못한 동물적 욕망과 광기를 나타내는 이미지와 결부되었다.

레드 카펫의 경우처럼 빨강이 오늘날까지 명예와 권위를 나타내는 표상으로 자리잡은 데는 고대 로마인들의 공이 크다. 특히 빨간색이 특권을 가진 사람들에게 허용되거나, 그들의 권위를 강조하는 데 사용되는 경우 우리는 은연중에 로마의 관습을 따르는 것이다. 로마의 법률과 행정 체계가 중세 유럽의 가톨릭적 사회 조직을 거쳐 근대적 사법 제도로 대물림되는 과정 속에서 그들이 가치 있다고 생각한 여러 가지 관념과 이미지도 대물림되었을 것이다. 빨강에 부여된 가치와 이미지들 속에도 그 흔적이 남아 있다. 예를 들면 각종 훈장과 트로피를 장식하고 있는 붉은색 천과 리본들, 권위적인 문서들을 포장하고 있는 붉은 벨벳천들, 하다못해 국회의사당 바닥에 깔린 붉은색 카펫에 이르기까지 이 모든 것들은 로마적인 관습에서 유래한 것이다. 물론 과거의 권위적인 것들이 때로 그 권위의 힘만큼 비웃음거리가 되고 있는 지금 빨간색이 누렸던 영예가 추락해 스스로 싸구려임을 주장하는 표식으로 읽히는 경우도 허다하지만 말이다.

그러면 고대 로마인들은 빨강을 어떻게 생각했을까? 왜 그들은 빨간색에 권위와 명예라는 관념을 부여했을까? 로마인들 역시 빨강을 불과 빛이 자아내는 뜨거운 열기를 나타내는 색으로 여겼다. 그뿐 아니라 빨강을 신성하게 여겼다. 그래서 빨간색은 결혼식 예복이나 전쟁터에

「신」, 얀 반 아이크 | 「권좌의 나폴레옹」, 장 오귀스트 도미니크 앵그르

한때 권력자들은 빨강을 독점하려 했다. 빨강을 소유함으로써 태양빛과 같은 광휘와 영광을 얻고자 했다.

서 휘날리는 깃발이나 전투복에, 심지어는 장례식과 비석에도 쓰였다. 특히 전쟁터의 깃발이나 군복에 사용된 빨간색은 적에 대한 두려움을 없애주는 역할을 했다. 빨간색에서 심장을 들끓게 만드는 호전적 힘을 느꼈을지도 모르겠다. 그뿐만이 아니었다. 그들은 호전적 혈기와는 관계없어 보이는 신전에도 흰색이 아니라 빨간색을 칠했다. 에게 해 근방에 있었던 아파이아(Apaia) 신전이나 폼페이 이시스(Isis) 신전의 벽, 신비주의의 입문식이 이루어졌던 '신비의 집(Villa of the Mysteries)'은 내부가 전부 빨간색이다. 빨강은 당시 사람들이 열광적으로 좋아한 색이었다. 그것은 빨간색이 자아내는 열기와 힘에 대한 동경, 경외감 때문이었을 것이다.

빨강을 열광적으로 좋아했던 그들은 당연히 이곳저곳을 빨간색으로 물들이고자 했고 이러한 빨간색 열풍은 빨간색을 내는 염료의 품귀 현상을 낳았다. 당시 빨간색을 내는 염료는 '코쿰(coccum)'이라는 연지벌레의 알이었는데, 옷 한 벌을 빨갛게 물들이려면 수십 만 마리의 연지벌레 알이 필요했다. 귀한 것들이 다 그렇듯이 코쿰의 품귀 현상은 빨간색의 독점을 낳았다. 급기야 국가에서는 빨간색 천을 사용하는 데 따른 제한 사항들을 만들어냈고, 결국 빨간색 옷은 왕과 고위 성직자, 몇몇 귀족에게만 허용되었다. 4세기 초반에 로마의 보통 시민이 좋은 염료로 물들인 진홍색 옷을 입는다면 당연히 처벌 대상이었다. 그러나 빨간색 열풍은 사라지지 않았고, 빨간색 천을 몰래 사고 파는 암시장까지 형성되었다. 빨간색 열풍이 오히려 빨강을 제한하는 이유가 된 것이다. 빨강은 귀족의 색, 권력자의 색이 된 것이다.

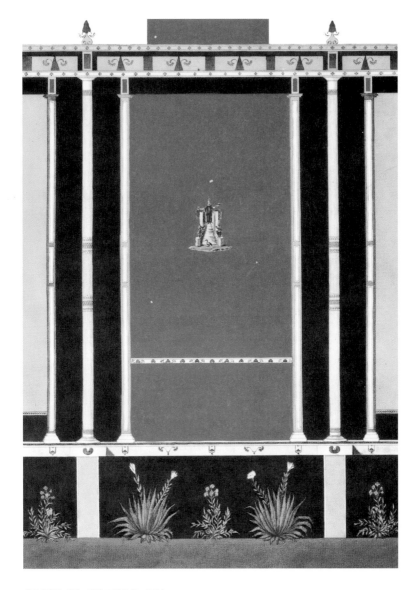

「폼페이의 폐허」, 샤를 프랑수아 마주아

고대 로마의 신전 벽은 흰색이 아닌 빨강이었다. 그것은 태양빛의 광휘를 의미한다.

폼페이 신비의 집 벽화
고대 신비의례는 인간 내면에서 벌어지는 죽음과 재탄생을 상징적으로 재현하곤 했다.

그런데 품귀 현상이 독점을 낳고 그것이 독점하는 자의 표상으로 변하는 건 빨간색뿐 아니라 다른 색의 경우도 마찬가지일 것이다. 빨간색이 왕과 고위 성직자의 색이 된 데는 다른 이유도 있었다. 바로 당시 사람들이 빨강을 태양의 색으로 여겼다는 것이다.

우리 머리 위에서 빛나는 태양은 분명 빨강이 아니다. 그러나 우리의 머릿속에서 빛나는 태양은 분명 빨강이다. 우리는 왜 태양을 빨갛다고 생각하는 것일까? 우리는 눈이 아니라 마음으로 세상을 바라보기 때문이다. 우리 마음속에서 태양은 하늘에서 이글거리는 거대한 불덩어리이고 불의 색 역시 우리가 지각하는 것과는 달리 빨갛다고 느낀다.

로마인들 역시 태양을 빛나는 빨간색으로 느꼈다. 그래서 빨간색으로 칠한 신전을 바라보며 "마치 태양빛처럼 붉게 빛난다"고 칭송했던 것이다. 로마 시대의 박물학자였던 플리니는 "심홍색이 어두워 보이기는 해도 태양의 특별한 아름다움을 지녔다. 심홍색에는 태양의 빛과 열기가 들어 있다"고 말했다. 그래서 빨간색이 황금색과 가까운 색, 심지어는 같은 색이라고 여기기도 했다. 가장 빛나는 황금색은 붉게 타오르는 듯이 보이는 황금색이며 이 색은 '자부심 넘치는 색'이라고 인정했다.

태양은 고대 종교에서 전 우주의 중심이자 가장 높은 신이 스스로를 드러내는 모습으로 여겨지곤 한다. 특히 서구에 기독교가 도래하기 전에 칼데아 지방에서 유래한 동방 신비 종교에서는 태양이 영혼을 정화시켜 순수하게 만들며 지상의 모든 영혼을 끌어당기는 힘을 갖고 있다고 믿었다. 태양에서 발산되는 빛은 모든 영혼의 내적인 아름다움을

빛과 어둠의 분리

로마인들에게 빨간색은 황금색과 근친관계에 있다.
빨간색은 빛나는 황금색의 열기가 고조되어 불타오를 때 나타난다.

나타내는 상징이자 은유로 생각되었다. 빛을 지닌 자는 아름다운 자이자 높은 차원의 영혼을 지닌 자이다. 이들에게 태양빛은 생명과 삶을 의미하는 것이기도 했다. 그래서 고대 서구인들에게 빛을 볼 수 없다는 것은 생명을 잃는 것, 살아 있다는 것은 태양빛을 볼 수 있는 것과 같은 말이었다.

이러한 생각들은 고대 후기부터 비잔틴 시대까지 로마를 감싸고 있던 신플라톤주의하고도 관련이 있다. 이집트의 알렉산드리아에서 태어나 로마에 정착한 철학자 플로티누스는 신성함을 표현하기 위해 태양의 은유를 이용했다. 그의 사유 속에서 우주의 중심이 태양이듯이 신은 빛을 통해 스스로를 드러낸다. 또한 태양이 지상의 모든 것들을 정화시키듯이 신은 빛으로 우리의 영혼을 정화시킨다. 뿐만 아니라 빛은 지상의 영혼을 들어올려 신성을 향한 눈을 뜨도록 만든다. 그는 빛이 우리가 바라보는 외부 세계에 있을 뿐만 아니라 우리 안의 영혼에도 각인되어 있다고 생각했다. 그는 『엔네아데스』에서 이렇게 말한다.

우리 눈은 우리 외부에 있는 빛에만 의존하지 않는다. 오히려 우리 눈 속에는 외부의 빛보다 더욱 환할 뿐 아니라 그보다 훨씬 먼저 자리잡고 있는, 순간적인 섬광으로만 존재하는 빛이 깃들어 있다. 한밤의 캄캄한 어둠 속에서 눈을 감았다 뜨면 힘들이지 않고 한 줄기 빛이 우리 눈앞에 스쳐가는 것을 볼 수 있다. 우리는 눈이 없어도 우리 눈 속의 빛을 볼 수 있다.

그가 말하는 빛은 영혼의 빛이며 마음의 눈에 어리는 빛이다. 아무런 형태를 가지지 않은 이 빛은 우리가 근원적인 신성과 하나가 될 때 마치 기적처럼 체험할 수 있는 빛이다. 그는 이 빛의 체험이 우리 안의 영혼의 본성과 일치될 때 이루어진다고 생각했다. 색에 대한 체험은 근원적인 신성의 체험과 유사하다. 색은 사물 속에서 빛남과 동시에 우리 내부에서 빛난다. 색은 외부와 내부에 동시에 존재하며 우리가 색을 느끼는 것은 우리 안에 있는 빛을 느끼는 것, 또 우리 영혼에 각인되어 있는 빛의 근원으로서의 태양을 느끼는 것이기도 하다. 근원적 신성은 태양빛이 그러하듯 스스로 넘쳐흐르는 영원한 빛과 같다.

플로티누스가 빨강이 이 영적인 태양을 나타낸다고 말한 적은 없다. 오히려 그가 말하는 빛의 문제는 모든 색에 대해 적용될 수도 있을 것이다. 영적인 태양을 빨강과 연관시킨 것은 당대의 로마인들이었으며 무엇보다도 박물학자 플리니의 공헌이 크다. 그는 심홍색이야말로 태양의 아름다움을 가장 잘 나타낸다고 하지 않았던가. 플로티누스의 철학이 그 이후 중세를 끌고 나갈 기독교 신비주의의 철학적 기초를 제공했다면 플리니의 발언은 중세 기독교 도상학에서 빨강의 위상을 정립하는 기초가 되었다.

3세기경에 제작된 스파르타 지방의 모자이크들에는 황금빛을 띤 빨강이 신의 후광을 물들이고 있다. 그리고 이 빛으로 가득 찬 빨강이 현실 속에서는 신에 버금가는 높은 지위를 차지한 사람들의 소유가 된다. 그들이 태양빛 같은 후광을 가진 자, '가장 자부심 넘치는 자'가 되는 것이다. 당시 지고의 존재는 신이거나 신의 대리인들, 다시 말해 고위

「코시모 메디치의 초상화」, 자코포 폰토르모

빨강은 영적인 태양을 나타내는 색이었다. 그것의 주인은 왕이거나 성직자, 귀족이었다.

사제거나 왕이었고, 태양빛의 영예, 빨강의 영예는 당연히 그들에게 돌아갔다. 빨강이 황제의 색이 된 것이다.

이들이 황제의 색으로 여겼던 빨강은 '푸르푸라(purpura)'라는 빨강이었다. '푸르푸라'는 자주색을 뜻하는 '퍼플(purple)'의 어원이다. 그러나 정확히 말해 '푸르푸라'가 '퍼플'은 아니다. 고대 로마인들이 가장 귀하고 품위 있다고 여겼던 '푸르푸라'는 여러 종류의 붉은색을 통칭하는 말이었는데, 여기에는 크림슨(crimson)과 스칼렛(scarlet), 마젠타(magenta) 등의 짙은 빨간색뿐만 아니라 버밀리온(vermilion)까지 들어간다. 우리 말로 바꾸면 자주(紫朱), 자홍(紫紅), 진홍(眞紅), 심홍(深紅), 주홍(朱紅) 등의 색을 말한다. 또 그들은 '푸르푸라'를 일컬어 흑장미의 색, 태양의 색, 피의 색이라고 했다.

이 색을 만들려면 빨강에 검정과 하양을 섞어야 한다. 색에 대한 관념이 지금과 달랐던 당시에 색의 문제는 물감의 문제라기보다는 색에 대한 체험이 내포하는 느낌의 문제기도 했다. 그러므로 빨강에 검정과 하양을 약간씩 섞는다는 것은 빨강에 빛과 어둠을 입힌다는 뜻으로 이해해야 한다. 그들이 열광했던 '푸르푸라'는 신성한 빛과 신성한 어둠이 언뜻언뜻 비치는 빨강이었다.

빛과 어둠이 섞인 신성한 빨강, '푸르푸라'는 때로 스칼렛으로, 퍼플, 크림슨, 카민(carmine)으로 변주되며 중세를 거치는 동안 그리스도의 피와 포도주의 신비, 신성한 영혼의 빛, 신의 영광을 나타내는 색으로 변모한다.

그리스도의 피

서구의 종교적 패권이 고대 신비 종교에서 기독교로 넘어가면서 영예로운 빨강의 이미지 역시 기독교와 결합한다. 빛남, 뜨거움, 유일함, 신성함 등 태양이 지니고 있는 영예로운 가치들이 빨강과 함께 그리스도의 이미지로 옮겨간 것이다. 여기에 그리스도가 흘린 '속죄의 피' 라는 또 하나의 의미가 더해진다. 그러면서 빨강은 그리스도의 영광을 기리는 색이 된다. 고대 태양빛의 상징이었던 '푸르푸라' 가 그리스도의 보혈인 포도주의 색이 된 것이다.

포도주는 기독교와 관계가 깊은 음료다. 예수는 제자들과 마지막 식사를 하면서 포도주 한 잔을 들고 말한다. "이것은 나의 피다. 많은 사람들을 위하여 내가 흘리는 계약의 피다." 이 장면 때문에 지금도 가톨릭 미사에서는 성찬식에 포도주를 쓴다. 미사에서 사제가 건네는 포도주를 받아 마시는 것은 신과의 계약을 재현하는 일이며 포도주가 성스러운 피로 변하는 신비를 체험하는 일이기도 하다. 포도주를 마시는 건 신의 피를 마시는 것이고, 신의 피를 마시는 건 우리 안에 신을 간직하는 것이다. 이 때문에 로마 후기에서 중세 초기에 이르기까지 포도주의 색 '푸르푸라'는 신과의 계약을 나타내는 신성한 색으로 여겨졌다. '푸르푸라'는 성직자들의 석관에, 복음서를 적은 필사본 양피지 위에 물들여졌다. 또한 그리스도와 성모 마리아의 옷, 여러 성인과 추기경의 옷에도 물들여졌다. 푸르푸라는 신성한 영광을 나타내는 색이자 교황과 성직자의 권위를 나타내는 색이 된 것이다.

그런데 포도주가 신의 피로 변하는 종교적 신비는 기독교에서만 일어나는 일이 아니다. 예수가 최후의 만찬에서 들어올린 성스러운 피로서의 포도주는 예수가 태어나기 훨씬 이전부터 존재해 왔다. 기독교 이전에 지중해 전역에 퍼져 있었던 디오니소스 신앙은 이미 포도주를 디오니소스 신의 피로 여겼다. 로마식으로 바쿠스라고 불리는 포도주의 신 디오니소스는 광기와 열광, 도취의 신이며, 포도가 숙성 기간을 거쳐 포도주로 다시 태어나듯이 죽었다 되살아나는 부활의 신이다.

디오니소스 신을 모시는 신도들은 신의 부활을 스스로 체험하는 의식을 치렀는데, 그것은 일종의 희생 제의 같은 것이었다고 전해진다. 디오니소스를 모시는 여자 광신도 집단인 '마이네드'들은 낮이 가장 짧은 동지 즈음에 산이나 어두운 숲으로 가서 포도주를 마시고 산짐승을 잡아먹는 의례를 치렀는데, 그들이 취한 상태에서 처음 만나는 산짐승을 디오니소스 신의 몸이라고 여겼다. 그들이 뜯어먹는 고기는 디오니소스의 몸이며 그들이 마시는 포도주는 디오니소스의 피였다.

로마 시대 초기 기독교에는 바쿠스 축제의 색조가 덧입혀져 있다. 보기에 따라서 그리스도는 새롭게 등장한 바쿠스이기도 했다. 그리스는 디오니소스처럼 동지 즈음에 죽었다 부활하며 우리를 생명으로 가

복음서 필사본 양피지

'푸르푸라'가 신성한 색으로 자리매김되면서 성서를 적은 필사본 양피지들은 여러 가지 종류의
붉은색으로 물들여졌다. 이때 '푸르푸라'는 때로 자주에서 주홍에 이르는 광범위한 붉은색을 통칭하는
용어이기도 했다.

득 채운다. 차이가 있다면 그리스도는 육체의 쾌락과 광기를 부정하고 그것을 극복함으로써 영혼을 고양시키는 방향에 서 있다는 점이다.

그리스도와 디오니소스의 교환은 우리의 주제인 빨강에 대한 관념 속에서도 고스란히 벌어진다. 실제로 키프로스에서 발굴된 5세기 모자이크 속에 어린 예수처럼 어른의 무릎에 앉아 있는 이는 예수가 아니라 디오니소스이며 그를 무릎에 앉혀놓은 인물은 동방박사가 아닌 에로스다. 또한 '푸르푸라'로 물들인 대리석 석관으로 유명한 콘스탄차의 석관에 새겨진, 포도를 든 어린아이는 예수가 아니라 디오니소스다. 포도주의 색 '푸르푸라'는 기독교적인 의미에서 보면 우리의 육체와 욕망에서 비롯되는 죄를 대신하기 위해 예수가 흘린 속죄의 피의 색이지만 그와 동시에 육체와 욕망을 적극적으로 드러내어 환락을 경험하고 거기에서 생명을 얻는 광기의 색이기도 하다.

그러나 권력을 지닌 성직자나 정치인이 독점한 '푸르푸라'의 의미는 디오니소스적인 광기보다는 속죄의 피가 지니는 신비한 힘에 있었다. 오랫동안 유럽 내부에 떠돌던 성배의 전설 역시 최후의 만찬에서 예수가 들어올렸던 포도주잔을 숭배하는 데서 비롯된 것이 아닌가. 그들은 성배를 찾아 십자군 전쟁을 일으켰다. 그것은 성스러움을 되찾는 전쟁이 아니라 세속적인 힘을 가지기 위한 야만적인 침략에 불과했다. '푸르푸라'로 대변되는 빨강의 독점 역시 이와 유사하다. 빨강을 독점하는 자는 힘과 권력에 대한 욕망에 불탄다. 빨강을 독점하고 싶어하는 자의 눈에 빨강을 지닌 자가 보였다면 그는 악마이자 적, 위험한 상대가 되는 것이다.

푸르푸라로 물들인 콘스탄차의 석관

붉은색 관은 주검을 성스러움으로 감싼다는 뜻이다. 그러나 성스러움은
그리스도뿐 아니라 포도주의 신인 디오니소스로부터 유래하기도 한다.

　어쨌든 유럽에서 빨강은 오랜 세월 신성한 영광과 권위를 나타내는
색이었다. 적어도 13세기에 파랑이 유행하기 전까지 빨강은 왕과 교황
과 추기경의 색이었고, 로마의 유산을 이어받고 싶어했던 정치가들에
게는 제국의 영광을 표현하는 색이었다. 또한 무엇보다도 그리스도와
성모 마리아, 성령을 나타내는 색이었다.

　북독일의 화가 얀 반 아이크가 그린 「롤랭과 함께 있는 성모」(1437)
속의 성모의 몸은 온통 크림슨에 가까운 빨간색 망토로 뒤덮여 있다.
성모의 옷에 칠해진 빨간색은 따뜻하면서도 강렬하며 고혹적이기까지

「롤랭과 함께 있는 성모」(부분), 얀 반 아이크

빨간 옷의 성모는 그리스도가 흘린 수난의 피의 성스러움과 함께 영원한 생명을 잉태하고 있음을 의미한다.

하다. 만약 성모의 모습만 따로 떼어내 본다면 화면을 가득 채운 빨간색 때문에 성모가 아니라 관능적인 여인처럼 보였을지도 모른다. 물론 그렇게 보는 것은 현대의 시각에서나 가능할 것이다. 반 아이크는 신성모독자가 아니었다. 그는 어디까지나 성모의 영광과 품위를 나타내기 위해 빨간색을 사용했다.

마티아스 그뤼네발트의 「성모상」(1517) 속의 성모는 진홍색 드레스를 입고 있다. 뿐만 아니라 장미와 백합 문양으로 가득 찬 옷자락에 황금빛이 넘쳐난다. 황금색이 도는 빨강의 이미지를 얻기 위해 그뤼네발트는 성모의 머리카락을 황금색으로 칠했고, 머리 뒤쪽에서 무지갯빛 후광의 경계선 안쪽을 노랑에서 분홍으로 이어지는 환한 빛이 도는 색으로 물들였다. 성모의 품에 안긴 아기 예수의 머리카락 역시 태양에서 온 것인 양 불타오르는 황금빛을 띠고 있다. 성모의 손에 들린 과일은 석류다. 그녀는 영적인 부활의 여성적 이미지이고 이 그림 전체는 우리 안에서 빛나는 영적인 태양의 이미지를 띠고 있다. 물론 이 빛과 불의 느낌은 상당 부분 그림 속에 있는 황금색과 진홍색에서 나온다.

프라 안젤리코가 그린 「수태고지」(1434) 속의 성모 역시 진홍색 옷을 입고 있다. 안젤리코는 황금색 느낌을 얻기 위해 빨강은 그대로 두고 빨간색 주변을 황금색으로 두르는 방법을 사용했다. 성모가 입은 진홍색 드레스의 목과 팔 끝을 황금색 장식으로 두르고 그녀가 걸친 푸른색 망토의 가장자리 역시 황금색 장식으로 처리했다. 이 황금색 선은 성모 머리 위 후광의 황금색으로 이어지며 다시 가브리엘 천사의 후

「성모상」, 마티아스 그뤼네발트

붉은 옷의 성모와 황금빛 머리의 아기 예수의 이미지 속에는 아프로디테와 아도니스의 관계가 중첩되어
있다. 석류를 들고 있는 성모는 어느새 페르세포네의 불멸성까지 안고 있는 것이다.

광과 하나로 연결된다. 이 그림에서 실제로 황금색이 더 많이 들어간 부분은 성모가 아니라 가브리엘 천사다. 천사는 황금빛 날개와 황금빛 후광에다 온몸에서 황금빛이 빗살처럼 뻗어나오는 모습이다. 천사가 저 너머 빛에서 온 비물질적인 존재이며 육체를 가지지 않은 영적인 존재라는 것을 나타내기 위해 안젤리코는 천사의 옷을 성모의 옷보다 흐린 색으로 입혔다. 산호색으로 보이는 천사의 옷 역시 진홍이다. 단 성모의 옷이 물질적인 진홍이라면 천사의 옷은 비물질적인 진홍, 스스로 빛을 뿜어내는 진홍이므로 산호색으로 표현해야 맞는 것이다. 빛으로 퍼져가는 이미지는 천사의 허리선을 중심으로 퍼져나가는 빛의 빗살과 옷자락의 주름 위에 얹혀진 황금색 띠로 이어진다. 그 빛은 아래쪽으로는 천사 발 밑의 황금색 바닥으로 흘러넘치고 오른쪽으로는 천사가 전하는 말을 표현한 황금색 문구들로 퍼져나간다. 이 그림 역시 황금색과 진홍색으로 엮여진 성스러운 빛의 울림을 담고 있다.

그런데 산호색으로 표현된 천사의 진홍과 마리아의 짙은 진홍 둘 중에 이상스럽게도 우리 눈을 더 끌어당기는 것은 마리아의 진홍이다. 「수태고지」의 주인공은 분명 가브리엘 천사가 아니라 성모 마리아다. 짙은 진홍색은 마리아의 가슴 위에 다소곳이 얹힌 두 손을 강조한다. 그녀의 두 손은 마치 한 마리 새처럼 가슴을 감싸안고 있다. 그녀는 천사가 전하는 빛의 말씀을 가슴으로 받아들이고 있는 것이다. 그녀의 손이 감싸고 있는 진홍색은 몸을 가진 인간의 가슴에서 고동치는 따뜻한 피의 색이다. 천사 가브리엘의 입을 통해 전해지는 신의 말씀은 인간인 여인 마리아의 가슴속에서 피와 빛이 하나가 되는 신비를 이루어

「수태고지」, 프라 안젤리코

마리아에게 신의 말씀을 전하는 천사는 천상의 비물질적인 **빨강**을, 마리아는 지상의 육신을 가진 자의
빨강을 담고 있다.

낸다. 그 신비는 바로 사랑이다.

안젤리코의 성모상이나 그뤼네발트의 성모상에서 또 하나 눈에 띄는 것은 마리아가 푸른색 겉옷을 걸쳤다는 것이다. 빨강이 성스러운 빛과 피의 색이라면 파랑은 신성한 어둠과 비애의 표현이다. 그 때문에 성모의 옷은 전체가 파랑색으로 칠해지거나 아니면 빨강 드레스 위에 파랑색 겉옷을 겹쳐 입은 모습으로 그려지곤 했다.

물론 이러한 채색 방식도 서구의 르네상스 때까지다. 근대 이후에 청교도 중심의 금욕적인 분위기가 형성되면서 눈에 띄고 두드러지는 색은 쾌락과 사치와 방종의 이미지와 맞물리고 검정과 하양이 위세를 떨치면서 빨강은 이제 성모의 옷에서 사라졌다. 18세기에 빨간색 옷을 입은 여자는 성모가 아니라 창녀였다. 성모의 옷에서 빨강은 쫓겨났지만 파랑은 계속 남았다. 파랑은 비탄의 색이고 빨강보다 조용한 색이기 때문이다. 오늘날 우리가 알고 있는 것처럼 흰색 바탕에 가장자리를 파랑색으로 두른 성모의 복장은 18세기 이후의 이미지이다.

그러나 파랑이 주목받기 전까지 서구 교회에서 신성하게 여긴 기본 색은 검정과 하양, 빨강이었다. 검정은 최후의 심판을, 하양은 성모의 순수를, 빨강은 순교와 영원한 생명을 상징했다. 성모의 옷이 빨강에서 하양으로 바뀐 것은 성모의 이미지에서 영원한 생명보다는 순수를 더 찾고 싶어했다는 것으로 읽힐 수도 있다. 한편 이 세 가지 색은 교회뿐 아니라 초기 문명 체계에서 세 가지 기본 색으로 간주되었다. 그리고 성스러운 빨강 '푸르푸라' 속에서 검정과 하양은 빨강에 통합되었다.

검정과 하양을 빨강으로 통합하는 것은 무엇보다도 연금술의 상징

체계 속에서 가장 잘 표현된다. 근대 화학의 전신이며 실제로 인공 색을 만들어내는 데 지대한 공헌을 한 연금술의 제련과 합금 과정은 여러 가지 상징과 이미지를 통해 전해졌다. 그들이 사용한 상징 가운데 하나가 색이다. 이들이 황금을 얻는 비법을 전하기 위해 사용한 색채 상징은 눈에 보이는 색뿐 아니라 자연과 정신 속에 숨은 여러 가지 보이지 않는 성질들의 표현이기도 했다. 연금술사들이 부여한 세 가지 색의 의미는 고대 그리스 자연철학자들의 관념에서 비롯되었다.

고대 그리스에서는 이 세상을 이루는 물질적인 기본 요소들을 나누면서 이미 이 세 가지 색을 각각의 요소를 나타내는 색으로 간주했다. 고대 희랍의 자연철학자였던 데모크리토스는 세상의 모든 것들은 부드러움과 거칠음, 단단함과 비어 있음에서 생겨난다고 생각했다. 부드러움이 하양이라면 거칠음은 검정이다. 단단함이 검정이라면 비어 있음은 하양이다. 이 둘 사이에서 최초로 열기가 생겨나는데, 열기는 빨강이다. 모든 것은 이 세 가지 요소의 혼합에 의해 만들어지며 모든 색은 검정과 하양, 빨강의 혼합으로 얻어진다. 그는 또 이렇게 말한다. "격렬한 불은 피 같은 빨강을 만들어낸다."

한편 이 세 가지 색은 기독교의 색채 상징과도 밀접한 관계를 지닌다. 연금술사의 실험에서 검정으로 녹아내리는 금속 화합물은 죄의 소멸이 이루어지는 최후의 심판의 이미지를 띠고 있었으며 심판 후에 죽음을 거친 금속은 순수하게 정화된 하양으로 표현되었다. 정화된 하양은 성모가 그리스도를 낳듯 빨강을 낳는다. 연금술사의 플라스크 안에서 금속이 검정과 하양을 거쳐 빨강으로 변했다는 것은 금속이 새로운

17세기에 그려진 「현자의 돌」

연금술의 제련과 합금 과정은 근대의 인공 색을 만들어내는 데에도 지대한 공헌을 했다.
그러나 그들이 만들어내는 색은 현재의 색 관념과는 달리 눈에 보이지 않는 것과도 관련이 있었다.

「성 프란체스코의 환상」, 페데리코 바로치

진홍색은 그리스도교와 관계가 깊다.
그것은 예수가 흘린 신성한 피의 색이자 모든 장애를 견디고 부활하는 영혼의 색이기도 했다.

생명을 얻었다는 것을 의미했다. 빨강으로 변한 금속은 이미 금속 이상의 것, 모든 비천한 물질을 황금으로 바꿀 수 있는 '현자의 돌'인 것이다.

연금술사들은 이 빨강의 단계를 나타내기 위해 여러 비밀스런 상징들을 만들어냈는데, 그 중 하나가 피 흘리는 그리스도의 이미지였다. 뿐만 아니라 붉은 사자나 태양을 먹는 초록색 용, 불새의 이미지 역시 연금술사들이 생명 탄생의 마지막 단계를 나타내기 위해 사용했던 이미지 가운데 하나다. 이 이미지들은 죽음과 영원한 생명이라는 언뜻 보기에 양립할 수 없을 듯이 보이는 두 가지를 함께 가지고 있음을 나타낸다. 그리스도가 영원한 생명을 지닌 존재로 부활하는 것은 죽음을 통해서다. 그는 죽었으므로 다시 사는 것이다. 물론 여기서 죽는 것은 인간적인 욕망과 육체이고 사는 것은 그것을 뛰어넘은 영혼일 것이다.

그러나 빨강으로 부활한다는 것은 펄떡거리는 피를 가진 육체로 태양처럼 영원히 빛나는 존재가 된다는 것을 의미하기도 한다. 피와 빛이라는 언뜻 양립하기 어려운 두 가지가 빨강이라는 하나의 색에 얽혀 하나로 통합되는 것이다. 사실 그 두 가지가 하나가 되는 것이 기독교의 신비일지도 모르겠다. 양립 불가능해 보이는 것의 완벽한 일치, 그것이야말로 초월적이고 신성한 것이 아니겠는가. 그때 빨강은 불가능한 것의 실현, 그것을 실현시킬 수 있는 초월적인 능력을 표현하는 색이 된다. 빛과 어둠이 교차된 성스러운 빨강 '푸르푸라'란 어찌 보면 빛과 어둠을 모두 거친 빨강, 검정과 하양의 단계를 모두 거쳐 다시 태어난 빨강인지도 모른다. 그것이 연금술의 빨강이다.

16세기 이탈리아의 화가 페데리코 바로치의 「성 프란체스코의 환상」

「부활하는 그리스도」, 마티아스 그뤼네발트
부활하는 그리스도는 영원한 생명을 얻은 현자의 돌의 이미지와 환치되기도 한다.
비천한 금속은 검정과 하양의 단계를 거쳐 빨강으로 거듭난다.

(1574-76) 속에서 그리스도는 진홍색 옷으로 부활한다. 그뤼네발트가 이젠하임의 제단화로 그린 「부활하는 그리스도」 (1515) 속의 그리스도 역시 진홍색으로 감싸여 있다. 이 작품에 나타난 색채들은 그야말로 고대의 연금술적인 색채관을 나타내는 전형이라 할 만하다. 신성한 빛을 발하고 있는 그리스도는 영적인 황금의 상징이다. 그리스도는 연금술 실험의 최종 단계에서 완성된 영혼의 표상이라 할 수 있는 붉은 옷을 입었다. 이 작품에서도 빨강은 고대 색채관에서 나타나는 황금색과의 근친성을 유감없이 발휘한다. 빨강은 불타는 황금색인 것이다. 뿐만 아니라 그리스도를 둘러싸고 있는 빛의 가장자리는 초록이며 초록의 둥근 빛 너머는 검정의 암흑이다. 그리스도는 암흑을 거쳐 빛으로 부활한 존재인 것이다. 허공에 떠 있는 그의 발치로 이어지는 흰색 옷자락은 그가 암흑을 견딘 영적인 존재임을, 그 흰색이 초록의 희생을 거쳐 빨강의 영원으로 변모한 존재임을 암시하고 있다. 그는 영원과 절대를 사는, 살아 있는 화금석의 표상으로 나타나는 것이다.

빨강은 오랜 세월 보통 사람이 쉽게 도달할 수 없는 초월적인 신성을 표현하는 색이었다. 그 신성함에는 부활과 영원이라는 종교적 모티프가 포함되어 있다. 그러나 신성함과 종교가 세속화될 때 빨강 역시 세속적 권위를 나타내는 색으로 바뀐다. 빨강에 내포되어 있던 성스러운 영혼의 이미지가 세속의 정치적인 힘을 나타내는 이미지로 탈바꿈하는 것이다. 권력자가 빨강을 사용하는 건 자신이 신과 같은 절대적인 힘을 가졌다는 사실을 상징적으로 표현하는 것이다. 빨간색으로 둘러싸인 권력자는 누구도 함부로 할 수 없는 존재이다. 빨강이 권위와 권력의 표상으로 나타나는 것이다.

교황과 추기경의 법복을 비롯하여 로마 황제의 법통을 이어받았다고 주장했던 나폴레옹이 그의 대관식에 깔았던 빨간 카펫과 각종 훈장이나 메달, 트로피를 장식하는 빨간색 리본에 이르기까지 빨간색은 보통 사람으로서는 닿을 수 없는 저 높은 곳 어딘가를 나타내곤 한다. 빨간색을 입거나 걸친 사람은 주변의 모든 것들을 넘어 저 너머에서 불타오르고 있는 존재이고 싶은 것이다. 그는 빨강을 걸쳤으므로 죽지 않으며 그의 힘은 신적인 것이 된다.

지옥의 불

영광스러운 빨강에 대해 이야기했으니 이번에는 그 반대편에 있는 빨강을 이야기해 보자. 앞에서 그리스도가 흘린 속죄의 피의 색인 '푸르푸라'는 디오니소스의 피의 색이기도 하다고 말했다. 빨강이 그리스도의 피일 때는 초월과 신성과 영광의 색이지만 디오니소스의 피의 색일 때는 광기와 열광, 도취와 유혹의 색으로 나타난다. 그런데 열정과 광기가 자연스럽게 분출되지 못하면 인간은 불안과 파멸로 내몰리기도 한다. 특히 광기와 열정을 금지하고 억압하는 사회에서 살아가야 하는 인간의 내면에서 빨강은 훨씬 더 복잡한 모습으로 나타난다. 빨강보다는 검정의 절제나 흰색의 순수가 더 높은 가치로 여겨지는 곳에서 가슴속에 광기를 안은 사람들은 내면의 분열과 불안으로 점철된 삶을 살아갈 뿐 아니라 그것을 악으로 경험하기도 한다. 그래서 빨강은 때로 폭력으로 변한 악의 상징으로 나타나기도 한다.

나는 두 친구와 함께 길을 걷고 있었다. 하늘에는 해가 지고 있었고 나는 우울해지기 시작했다. 갑자기 하늘이 핏빛 빨강으로

「비명」, 에드바르트 뭉크
영혼의 불안을 감내해야 하는 사람에게 빨강은 고통스러운 절규의 색이다.

변했다. 나는 걸음을 멈추고 벽에 기대어 죽을 것만 같은 피로감을 느꼈다. 그리고 검푸른 해안과 도시 위로 불타오르는 구름이 마치 한 자루의 칼과 피처럼 걸려 있는 것을 멍하니 쳐다보았다. 친구들은 계속 걷고 있었지만 나는 우뚝 선 채로 두려움에 떨었다. 그리고 세상을 뚫고 지나가면서 끝없이 울려대는 커다란 비명 소리를 들었다.

위의 글은 노르웨이의 화가 에드바르트 뭉크가 「비명」(1893)을 그리면서 쓴 일기다. 신경쇠약과 정신분열에 시달리던 이 우울한 남자는 붉은색으로 물드는 저녁 하늘에서 태양의 아름다움을 본 것이 아니라 태양의 죽음을 본 것 같다. 그가 본 태양은 피를 흘리며 죽어가고 있었다. 머리 위 하늘에는 살해당한 태양의 피가 낭자한데 함께 걷는 두 친구는 아무 것도 보지 못한다. 뭉크는 공포에 질려 비명을 지르지만 그 소리는 아무한테도 들리지 않고 소리지르는 사람 내부에서 부딪혀 점점 더 증폭될 뿐이다. 마치 가위에 눌리는 것만 같다. 나의 공포가 그 누구에게도 전달되지 않고 옴짝달싹 못한 채 그 두려움을 견뎌야 할 때 나는 귀도 입도 없는 존재가 된다. 하늘에는 태양의 피가 넘실거리고 그 밑으로는 차갑고 어두운 바닷물이 일렁거리고 있건만 같이 길을 걷던 두 친구는 아득히 멀어져만 간다.

「비명」 속의 빨강은 극도의 공포와 불안감을 가져다준다. 뭉크는 태양빛을 몹시 사랑했던 사람이지만 그의 작품 속에 나타나는 빨강은 로마인들이 느꼈던 힘과 영광을 표현하기 위한 것이 아니다. 오히려 정반대로 불안과 몰락의 느낌을 가져다준다. 그는 실제로 빨간색을 몹시 좋아했지만 그의 빨강은 밝고 유쾌하지 않다.

1900년에 그린 「인생의 춤」에서는 검은 옷을 입은 남자가 빨간 옷을 입은 여자와 춤추고 있다. 남자의 등뒤로는 흰 옷을 입은 여자가, 맞은 편에는 검은 옷을 입은 여자가 우두커니 서 있다. 왼쪽의 흰 옷을 입은 여자는 순결과 순수함을, 오른쪽의 검은 옷을 입은 여자는 절망과 체념을 나타낸다. 왼쪽 여자의 얼굴 표정은 편안하지만 오른쪽 여자는 그렇지 않다. 수척하고 피로해 보이며 고통을 안은 채 침묵하는 모습이다. 남자와 춤추는 빨간색 옷의 여자는 춤을 추고 있지만 두 여자보다 비현실적인 느낌을 준다. 남자도 여자도 이 세상 사람이 아닌 듯 무표정하며 특히 여자의 얼굴색은 거무스름하기까지 하다. 그녀는 흡혈귀의 이미지다.

이 그림 속 빨강의 주인은 뭔가 음침하다. 어깨와 허리를 거쳐 흘러내리는 주홍색 드레스는 마치 흘러내리는 피처럼 보이며 그 피는 그녀의 발 밑에 고여 끈적끈적한 악마의 불을 지피는 것처럼 보이기도 한다. 그녀는 남자와 춤추며 그의 혼을 마시고 있다. 여기서 빨강은 피할 수 없는 치명적인 유혹을 나타낸다.

이 세 명의 여자는 또한 인생의 세 단계를 나타내기도 한다. 순수에서 출발해 유혹과 관능을 거쳐 절망과 체념으로 나아가는 인생의 수레바퀴 말이다. 인생은 그 세 개의 바큇살을 축으로 굴러가고 그는 그 속에서 빙글빙글 춤춘다. 그는 이미 흰 옷을 입은 여자와 춤을 끝냈고 이제 검은 옷의 여자가 차례를 기다리고 있다. 저 뒤편의 태양은 지고 있

「인생의 춤」, 에드바르트 뭉크
인생은 하양의 순수를 거치고 빨강의 유혹과 관능을 거쳐 검정의 절망과 허무로 나아간다.

「질투」, 에드바르트 뭉크
가슴 속에서 이글거리고 있는 질투의 열기는 울컹거리며 올라오는 피처럼 비릿한 빨강이다.

음에도 불구하고 붉은색이 아니라 창백한 분홍색이다. 춤은 끝나 가고 그의 가슴속 태양은 이미 탈색해 버린 것이다.

빨강 옷의 여자는 「질투」(1894~95)에서도 나타난다. 창백한 얼굴로 정면을 응시하는 남자의 뒤편에 남녀 한 쌍이 보인다. 화면의 중앙을 차지하는 여자는 분홍빛 알몸에 빨간색 가운을 걸치고 한 남자와 마주 서 있다. 그녀는 나무에 매달린 붉은 과일을 따려는 듯 한 쪽 팔을 들어올리고 있고, 맞은편 남자는 같은 색 꽃을 그녀에게 건네려는 듯 보인다. 두 사람의 얼굴 모두 꽃과 과일처럼 붉게 물들어 있다. 남자의 실루엣을 따라 가느다란 붉은 빛이 반사된다. 여자의 붉은 빛이 그를 붉게 물들인 것이다. 앞을 바라보고 있는 남자는 어둠 속에 가려져 있다. 조금 전 그들의 밀애 장면을 목격하고 급히 등을 돌려버린 듯하다. 그의 얼굴은 창백하며 눈동자에는 노란 분노와 열기가 어려 있다. 여자의 빨간색 옷은 남자의 가슴속에서 타오르는 불꽃처럼 보인다. 그러나 그 불꽃은 활활 타는 것이 아니라 이상스럽게 액체처럼 스멀거리며 미끈거린다. 울컥 올라오는 핏덩어리 같은 느낌이다.

뭉크의 그림 속 빨강은 하늘에 있건 여자의 옷 위에 있건 피처럼 느껴진다. 그리고 영혼을 잠식하는 고통과 불안의 색조를 띠고 있다. 또한 사람이나 풍경이나 모두 손에 잡히지 않는 신기루처럼 무게감이 없다. 그런데 물질적인 무게감이 없는 그 존재들이 우리 가슴을 아주 무겁게 짓누른다. 뭉크의 그림들이 건드리고 있는 것은 우리 내면에 자리잡은 말로 설명하기 어려운 불안과 우울이다.

우리의 정신은 빛처럼 가볍게 상승하길 원하나 그렇게 날아오르기에 우리는 너무 끈적끈적하다. 우리의 몸 속에는 더운 피가 흐르고 욕망은 붉은색 점액질로 달라붙어 애욕과 질투와 불안을 선사한다. 진홍색의 관능과 춤추고 나면 검정색의 절망과 체념이 기다리고 있지만 우리는 진홍의 유혹을 거부할 수 없다. 진홍의 유혹은 고통과 달콤함을 한꺼번에 가지고 있다. 악마의 유혹처럼.

뭉크와 동시대를 살았던 시인 보들레르는 『파리의 우울』에서 악마의 출현을 선홍색의 이미지로 묘사한다.

> 그가 걸친 선홍빛 튜닉 주위로 아롱지게 반짝이는 뱀 한 마리가 허리띠처럼 감겨 있다. 뱀은 머리를 쳐들고 이글이글 타는 눈길을 힘없이 그쪽으로 향하고 있다. 이 살아 있는 허리띠에는 음침한 색깔의 액체로 가득 찬 병들과 번쩍이는 칼들, 그리고 수술용 기구들이 차례차례 매달려 있다. 오른손에는 또 다른 병을 쥐었는데 밝은 붉은색 액체가 든 게 보이고 야릇한 글을 적은 꼬리표가 달려 있다. '마셔라. 이것은 나의 피다. 완벽한 강심제인 나의 피.' 또 왼손에는 바이올린이 들려 있다. 그것은 분명 그가 쾌락과 고통을 노래하거나 밤에 펼쳐지는 악마들의 향연에서 그의 광란을 퍼뜨리는 데 사용되는 것이다.

선홍빛 튜닉, 뱀, 칼, 수술용 기구들, 핏빛 액체, 바이올린. 관능과 에로스의 유혹은 쾌락을 가져다주지만 그와 동시에 슬픔과 고통도 선사한다. 그리고 그 유혹은 붉다.

그는 은근한 취기가 감도는 듯한 위로할 수 없이 슬퍼 보이는 두 눈으로 나를 바라보며 마치 노래하는 듯한 목소리로 말했다. '그대가 원한다면 나는 그대를 영혼들의 군주로 삼겠노라. 그대는 조각가가 찰흙을 지배하듯 살아 있는 물질의 지배자가 될 것이다. 그리고 그대는 너 자신을 떠나 다른 사람들 속에서 너 자신을 잊고 또 다른 영혼을 끌어들여 너의 영혼과 혼연일체가 되게 하는 끊임없이 새로워지는 즐거움을 알게 될 것이다.'

빨강이 인간 내면에 자리잡은 악마성과 어두운 유혹을 암시하는 색으로 나타날 때 그것은 태양빛의 열기가 아니라 몸 속에 숨어 흐르는 피의 열기를 띤다. 살아 있는 사람의 몸에는 선홍빛 피가 끊임없이 약동하고 있어서 우리 몸에 활력을 가져다주고 우리에게 살아가는 힘을 주지만 그것은 감추어져야 하는 것이다. 감춰져 있어야 하는 핏빛이 겉으로 드러나면 금지된 영역의 빗장이 풀리는 느낌을 준다. 그때 빨강은 불온하고 위험한 것이 된다. 그러나 불온한 것, 위험한 것들은 그렇지 않은 것들보다 훨씬 더 강렬하게 우리를 사로잡는다.

뭉크와 보들레르가 살았던 세기말의 분위기를 일컬어 데카당스라고 부른다. 이 말에는 서구가 오랫동안 떠받들어 왔던 지고의 가치들이 바닥에 떨어져 세계가 몰락해 간다는 불안한 의식이 잠재되어 있다. 데카당스는 퇴폐로 번역되지만 정확히 말하면 몰락을 의미한다. 무엇이 몰락하는가. 모든 진실한 것, 아름다운 것, 선한 것, 성스러운 것, 저 높이 빛나는 가치들……. 이 모든 것들이 그 반대편에 있다고 간주

「붉은 교황에 대한 연구—이노센트 10세에 대한 연구」, 프란시스 베이컨
빨강은 과거에는 높고 신성한 곳에 있었지만 세기말이 되면서 즉물적인 살의
감각이 흘러넘치는 곳에 있게 되었다.

되었던 거짓되고 추하고 악하며 저 밑바닥에서 굴러다니고 있는 하잘 것 없는 것들에게 잠식당하고 흔들리고 있다는 것이다. 그러나 위악이 위선보다 진실하고, 아름다워 보이는 것들이 실제로는 더럽고 추한 쓰레기들로 가득 찬 겉치레일 때가 있지 않은가. 세기말은 보기 좋은 포장지 속에 감춰져 있던 추하고 더럽고 못난 것들이 포장지보다 더 진실함을 주장하면서 사방에서 분출되던 시대이기도 했다. 그것은 몰락이기도 했지만 동시에 새로운 가치의 도래이기도 했다.

서구인들이 이성과 절제와 질서라는 가치로 밀봉했던 욕망과 광기와 무질서가 여기저기서 여러 가지 목소리와 색깔을 띠며 분출되는 것이다. 새로운 시작은 기존 가치의 몰락을 전제로 이루어진다. 그 속에서 기존 질서와 가치는 자리를 뒤바꾼다. 빨강이 높은 곳에 있었다면 이번에는 낮은 곳에 있을 것이고 바깥에 있었다면 안으로 자리를 옮길 것이다. 또는 높은 것이 낮은 것이 되고 바깥이 안이 되어버리는 일도 벌어질 것이다. 이러한 가치의 전도와 역전은 세기말에 시작되어 그후 문화와 예술에서 다양한 방식으로 드러난다.

저 높은 곳에 있는 빨강을 낮은 곳으로 끌어내리고 빨강의 주인 역시 그렇게 만든 그림이 있다. 영국 화가 프란시스 베이컨의 「붉은 교황에 대한 연구—이노센트 10세에 대한 연구」(1962)다. 그는 높은 곳에 근엄하게 앉아 있었던 교황을 붉은 방에 가둬놓고 고문한다.

주홍색 벽으로 둘러싸인 공간 안에 노인처럼 보이는 형상이 쭈그리고 앉아 있다. 그가 앉은 의자는 벽 색깔보다 짙고 어두운 빨강이며 바닥에서 솟아나온 것처럼 보인다. 넓은 등받이에 기대앉은 이 사람은

「교황 이노센트 10세」, 디에고 벨라스케스
그는 신성한 권위의 표식인 푸르푸라를 걸쳤지만 그의 얼굴에는 교활함과 불안함의 흔적이 어려 있다.

얼굴과 몸이 흰색으로 칠해진 데다 전체적으로 마르고 볼품이 없어서 마치 알몸으로 힘없이 앉아 있는 것처럼 보인다. 그는 의자에 몸을 의지해 겨우 앉아 있는 것 같다. 몸이 의자 밑으로 금방 주르륵 흘러내릴 것만 같다. 게다가 등 쪽은 피처럼 보이는 붉은색이 칠해져 있다. 벗은 몸과 어울리지 않는 머리 위의 모자도 등에 칠해진 색과 같은 색이다. 의자 밑을 받치고 있는 둥근 형상을 보자. 인물을 위로 떠받드는 역할을 하는 이 받침대는 그 둥근 모습 때문에 빙빙 도는 것처럼 보이기도 하고 바람을 불어넣은 풍선처럼 보이기도 한다. 그 위에 앉은 인물은 이 받침대가 주저앉으면 금방이라도 꺼져버릴 것만 같다. 이 그로테스크한 형상은 가는 선으로 표시한 네모 상자에 들어 있다.

이 그림은 베이컨이 디에고 벨라스케스의 「교황 이노센트 10세」(1650)를 보고 재해석한 것이다. 그는 이 그림을 작업실에 붙여놓고 여러 차례에 걸쳐 이 그림을 해체하고 다시 그리는 작업을 했다. 이번에는 벨라스케스의 그림을 살펴보자.

벨라스케스의 그림 역시 몇 가지 톤의 빨강과 하양이 주조를 이루고 있다. 교황은 실크처럼 윤기 나는 빨간색 모자와 망토를 걸치고 있다. 망토 안에 입은 옷은 흰색이다. 벨벳 의자 등받이는 교황의 옷처럼 빨간색이지만 촉감이 달라 더 진해 보이고 의자 뒤의 휘장 역시 어두운 빨강이다. 여기 사용된 빨강이 성스러운 색 '푸르푸라'이다. 교황은 위풍당당하게 고개를 들고 앉아 있다. 그의 얼굴에는 높은 지위에 있는 사람들 특유의 단호함과 거만함이 보인다. 그러나 한편으로는 교활함과 함께 알 수 없는 불안감도 느껴진다. 그는 영광스러운 색 푸르푸라로 둘러싸여 있지만 그의 내면에는 어떤 나약함과 두려움이 숨어 있어서 야릇한 불안감을 조성하는 것이다. 어쩌면 그것이 이 그림을 훌륭한 초상으로 만드는지도 모른다. 신성한 권력자의 위풍당당한 자세에 감춰진 인간적 갈등과 초조함이 미묘하게 포착되어 있는 것이다.

베이컨은 이 그림에 매혹되어 여러 장의 연작을 남겼는데, 「붉은 교황에 대한 연구」는 그중 한 점이다. 베이컨의 그림에서 많은 부분을 차지하는 여러 가지 빨강은 당연히 벨라스케스의 그림에서 유래된 것이다. 그러나 이 그림의 빨간색은 벨라스케스의 빨강처럼 교황의 품위와 지위를 떠받드는 것이 아니라 볼품없이 쭈그러든 인물을 옥죄고 공격하는 느낌이다. 빨강으로 둘러싸인 교황은 힘없는 노인, 곧 죽음을 맞이할 나약하고 보잘것없이 위축된 인간에 불과하다. 벨라스케스의 그림에서 번쩍거리는 망토의 붉은색이 베이컨의 그림에서는 망토가 아니라 핏자국처럼 보인다. 그는 누군가에게 피가 터지도록 두들겨맞은 듯하다. 살이 뭉개져 피범벅이 된 것이다. 그러고 보니 교황이 걸터앉은 의자의 어두운 빨강 역시 피로 물든 것처럼 보인다. 뿐만 아니라 그 뒤쪽의 붉은 벽 역시 도살장이나 정육점의 불빛처럼 피 냄새가 난다. 그렇다면 이 그림은 참혹하게 고문당한 교황의 초상이다.

그런데 이상하다. 고문당한 사람의 얼굴치고는 너무 여유만만하다. 그럼 교황이 고문당한 게 아닐지도 모르겠다. 오히려 그는 고문하는 자, 그를 둘러싼 피 냄새로 찌든 공간의 주재자가 아닐까? 그렇다면 등 뒤의 붉은색은 오히려 희생자의 피인지도 모른다. 아니다. 이 그림 속에서는 고문한 자와 고문당한 자, 죽인 자와 죽임을 당한 자가 한 인물로 합쳐져 있다.

　베이컨은 인간의 몸을 비인간적인 방식으로 표현하는 작품으로 유명하다. 그의 그림 속에서 인간은 우리가 관념적으로 알고 있는 정상적인 몸의 형상으로 그려지는 것이 아니라 뒤틀리고 잘라지고 뭉개진 모습으로 그려진다. 몸 속에서 뼈가 빠져나간 것처럼 주르르 흘러내리며 몸 안에 있어야 할 뼈와 근육과 내장이 몸 밖으로 훤히 드러나기도 한다. 그런가 하면 마땅히 있어야 할 얼굴의 이목구비가 사라지고 벌어진 구멍 사이로 이만 보인다거나 두개골 없는 머리가 바닥으로 흘러내리기도 한다. 인간의 살을 정육점이나 도살장에 걸린 고기처럼 다루는 것이다.

　우리가 가지고 있는 인간에 대한 관념을 제거하고 보면 인간의 몸 역시 고기와 다를 바 없다. 베이컨은 관념이 아니라 감각에 의거해 사람의 몸, 특히 살을 바라보고 싶어했다. 하지만 그렇게 그린 인간의 몸은 우리를 불편하게 한다. 인간인 우리는 인간이 다른 동물과 다르다고 생각하기 때문에 인간의 몸과 동물의 몸을 다른 방식으로 다룬다. 그래서 동물의 몸을 다루는 방식을 그대로 인간에게 적용하면 분개하고 당혹스러워하는 것이다. 게다가 성스러운 인물을 이렇게 취급한다면 그 당혹감은 충격에 이른다.

　「십자가를 위한 세 개의 습작」(1962)이 대표적인 예다. 베이컨은 기존에 성화를 그리고 전시하는 방식을 풍자하여 3부작이나 3면화를 그리곤 했다. 주로 종교적인 주제가 등장하는데 그것을 표현할 때 기존의 종교적 관념에 위배될 뿐만 아니라 그것을 조롱하고 경멸하는 방식

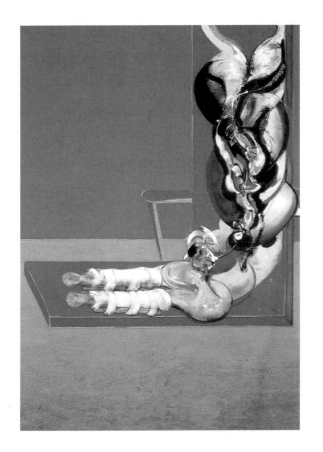

「십자가를 위한 세 개의 습작」(세번째 부분), 프란시스 베이컨

빨간색은 우리의 눈을 찌른다.
눈을 찌르는 빨강은 잔혹함을 설명하지 않고도 잔혹함을 느끼게 한다.

을 취한다. 그림 속에는 빨간색 판 위에 정육점의 고기처럼 살덩어리가 거꾸로 걸려 아래로 축 처져서 흘러내리고 있다. 다리인지 팔(아마 팔일 것이다)인지 분간이 되지 않는 두 개의 막대 모양은 하얀 붕대로 감겨 바닥에 결박되어 있다. 머리처럼 보이는 형상에는 눈도 코도 입도 없다. 그것은 얼굴이 아니라 다만 살덩어리인 것이다.

여기서 십자가는 성인이 속죄의 피를 흘린 곳이 아니라 동물로서의 인간의 몸이 살육 당한 장소가 된다. 이곳은 십자가의 상징성을 잃어버리고 살점이 튀어나가고 팔다리가 조각나 전시되는 진열대가 된다. 이곳은 고문의 장소이기도 하다. 베이컨은 이 진열대를 빨강으로 칠했다. 그 뒤쪽의 벽면은 주홍색이다.

이 그림뿐 아니라 베이컨이 종교적 주제를 다룬 그림에 반복해서 등장하는 색이 빨강과 주홍이다. 이들 빨강이나 주홍은 대체로 아무런 붓자국 없이 매끈하게 칠해졌는데, 이것은 그가 무엇인가를 재현하기 위해 색을 칠한 것이 아니라 색이 가져다주는 감각적 체험 자체를 드러내기 위함이다. 그의 그림 속 빨간색은 우리의 눈을 찌른다. 빨강이 색 자체로 우리를 공격하는 것이다. 그런데 다른 어떤 것을 나타내기 위한 상징적 수단으로 사용되지 않는 색이 오히려 색 자체가 주는 감각적 역할을 충실히 해내고 있다. 빨강은 앞으로 튀어나오는 색이며 그 파장이 눈을 공격하므로 우리는 빨강을 오래도록 바라볼 수 없다. 빨강이 우리보다 더 강한 것이다. 그 결과 그의 그림은 잔혹함을 구구절절 설명하지 않고도 잔혹함을 느끼게 한다.

뿐만 아니라 고대부터 성스러운 색으로 여겨졌고 기독교 도상학에 의해 그리스도의 피를 상징하는 '푸르푸라'의 의미를 역전시키는 역할도 수행하고 있다. 그의 교황 그림이나 십자가 연작에 사용된 빨강은 영광이나 신성을 나타내기 위한 상징이 아니다. 그렇다고 고통이나 잔혹함이라는 의미를 전달하기 위한 상징도 아니다. 그는 무엇인가를 상징하기 위해서가 아니라 색에서 상징적인 의미를 제거하여 색이 가져다주는 순수한 감각을 드러내기 위해 색을 사용한다. 그러므로 그의 빨강은 인간적 방식으로 순치된 빨강이 아니라 날것의 빨강이다. 그렇게 해서 빨강은 성스러운 의미를 잃어버리는 것뿐만 아니라 한 발 더 나아가 성스러움이라는 가치 안에 숨겨져 있는 정반대의 속성들을 드러내게 된다. 그의 그림 속 빨강은 그 그림을 바라보고 있는 우리 눈앞에 공격성과 잔인함, 불안, 공포 등을 내뿜는다.

정신분석학자인 에렌츠바이크는 표현주의 이후의 그림에 나타난 색들이 화가의 내면 깊숙이 자리잡은 무의식의 표현이라고 말했다. 그의 설명이 옳다면 부지불식간에 광범위한 면적에 자주 빨간색을 입히는 화가는 공포와 폭력에 대한 강박증과 죄의식을 지녔다는 얘기가 된다. 그는 프란시스 베이컨을 위시하여 프란츠 마르크나 카임 수틴 등의 작품에 등장하는 빨강이 대표적인 예라고 말한다. 그들은 모두 무엇인가에 시달린다는 얘기인 것이다.

카임 수틴이 그린 「호텔 벨보이」(1297)를 보자. 빨간색 제복을 입은 벨보이는 빨간색을 입었음에도 힘없고 슬퍼 보인다. 그는 무엇인가에 주눅든 것처럼 보인다. 힘없이 펴 보인 손바닥은 구걸하는 것처럼 보이기도 하고 항복하는 것처럼 보이기도 한다. 그 뒤편에 어둡고 거칠

「호텔 벨보이」, 카임 수틴

빨강의 반복적인 사용은 공포와 폭력에 대한 강박증과 죄의식을
드러내기도 한다.

게 펼쳐진 빨강과 윗부분의 푸른색은 그가 어둡고 춥고 음산한, 그리고 잔혹한 공간에서 걸어나온 듯한 인상을 준다. 벨보이의 빨간색 옷은 그가 입고 있는 옷색깔일 뿐 아니라 그의 내면에 자리잡은 빨강의 감정을 드러낸다. 어둡게 일그러진 남자의 표정과 뒤편의 어두운 파랑으로 인해 따뜻한 빨강을 칠했음에도 불구하고 그 따뜻함이 오히려 생경한 느낌을 주며 전체적인 분위기는 훨씬 더 차갑고 냉혹하다. 수틴이 어느 날 호텔 복도에서 마주쳤을 그 남자는 춥고 냉혹한 공간에서 걸어나온 사람처럼 보였을 테고, 그의 나약한 비루함이 수틴 내면에 있는 빨강의 세계를 건드렸을 것이다. 그리고 거기에는 그를 둘러싼 세계의 잔혹함과 광기 어린 공포와 불안의 분위기가 담겨 있다.

빨간색이 공포심을 불러일으킨다면 그것이 피의 색이며, 거기서 연상되는 살인이나 죽음에 대한 두려움 때문일 것이다. 빨간색을 여기저기 배치함으로써 광기 어린 살인의 모티프를 드러내는 영화가 있다. 스탠리 큐브릭 감독의 〈샤이닝〉이다.

한겨울, 빈 호텔을 지키는 가족이 겪는 광기를 이야기하는 이 영화는 잭 니콜슨의 엽기적인 연기가 돋보이는 작품이다. 영화가 진행되면서 외부인과의 접촉이 완전히 차단된 텅 빈 호텔이 얼마나 공포스러운 공간으로 변모하는지 차츰 드러난다. 호사스런 공간을 독차지한 가난한 가족은 호텔을 한시적이나마 독차지한 기쁨으로 하루하루를 보낸다. 그러나 얼마 지나지 않아 권태와 고독을 마주하고, 지극히 정상적이던 가장은 편집증 환자로 변해가기 시작한다. 게다가 빈 호텔의 복도와 방들을 오가며 혼자 놀던 아이는 호텔 로비의 빨간색 엘리베이터 앞에서 피가 폭포수처럼 쏟아지는 환영을 본다. 영화 속에 반복적으로 등장하는 이 장면은 피의 빨강이 공간을 채울 때 가져다주는 섬뜩함과 아찔함을 보여주는데, 영화의 압권이라 할 수 있다.

스탠리 큐브릭이 빨강을 통해 분위기를 암시하는 것은 이 장면에만 국한되지 않는다. 살인과 광기가 현실화된 사건으로 일어나기 전부터 이미 영화 속에서 빨간색이 예시적 징후를 나타내는 요소로 군데군데 사용된다. 후에 전개될 무시무시한 사건의 전모를 미리 환영으로 경험하는 아이의 옷차림은 맨 처음에 흰색과 파랑이었다가 서서히 차가운 공포가 가까워지면서 빨간색 스웨터로 바뀐다. 아이의 엄마는 처음 등장할 때부터 푸른색 원피스 안에 빨간색 상의를 입고 빨간색 스타킹을 신었다. 평범한 가장 잭 니콜슨은 브라운 톤의 정장 차림으로 시작해 파랑색 가운 차림으로, 그리고 광기가 본격화되는 시점부터는 붉은 톤이 도는 갈색 점퍼 차림으로 등장한다.

빨강과 파랑은 호텔의 흰 벽과 바깥의 흰 눈과 대비되면서 정적이면서도 강렬한 느낌을 준다. 피로 가득 찬 로비 광경 외에 의도적인 빨강의 사용이 눈에 띄게 드러나는 장면이 있다. 완전히 미쳐버린 잭 니콜슨이 호텔 화장실에서 유령이 분명한 바텐더에게 살인을 종용받는 장면이다. 이 두 사람을 제외하고 아무도 없는 텅 빈 화장실은 벽과 세면대 모두 주홍색이다. 여기서 주홍색은 기이하리 만큼 냉혹한 분위기를 내뿜는다.

스탠리 큐브릭의 빨간색은 정말 이상하리 만큼 차갑다. 바르톡의 음악 때문일까? 아니면 흰색과 파랑으로 인해 빨강이 차갑게 변하는 것일까? 이 차가운 빨강은 고립된 개인의 고독과 강박증에서 생겨나는 광기를 나타낸다. 물론 그 광기를 만들어내는 주범이 영화에서 암시하듯이 부와 위선적인 품위로 감싸인 미국 사회의 숨은 폭력과 광기임은 말할 것도 없다. 스탠리 큐브릭은 성조기를 이루는 세 가지 색을 분할하여 영화 곳곳에 사용함으로써 냉혹함과 고독, 광기를 말하려는 듯 보인다.

스티븐 킹 원작의 소설이기도 한 이 작품에서 주인공이 밀폐되어 미쳐가는 호텔이라는 공간은 나바호 인디언의 성지였던 장소에 세워진 것으로 설정되어 있다. 그것을 암시하려는 듯 호텔 바닥에는 인디언의 미로 문양 카펫이 깔려 있고, 미로는 화면 곳곳에 반복해서 등장한다. 주인공인 잭이 죽음에 이르는 공간 역시 아름드리 나무들로 만들어진 미로 속이다. 뿐만 아니라 여러 개의 복도와 방들로 이루어진 호텔 역시 거대한 미로다.

잭의 아들 대니는 빈 호텔의 복도에서 장난감 자동차를 가지고 놀며 무료한 하루를 보낸다. 자동차는 붉은색과 푸른색이 교차하는 인디언 문양의 카펫을 굉음을 내며 달린다. 대니가 엘리베이터를 타고 내려오는 피의 폭포를 보는 것도 바로 이 복도 끝이다. 이 호텔은 피로 가득 찬 공간인 것이다. 그리고 그 피는 백인이 미국이라는 땅을 소유하기 위해 잔혹하게 살해한 인디언의 피, 자본의 폭력에 희생된 자들의 피다. 그 희생의 피가 만들어낸 유령 같은 공간이 그 안에 거주하는 사람을 잡아먹고 만다.

여기서 빨강은 자기 안에 밀폐된 사람이 가지는 편집증적 광기를 드러내는 데 일조한다. 편집증이 그렇듯이 이 영화 속 빨강은 밖으로 퍼져가는 것이 아니라 차갑게 얼어붙어 축소되는 빨강이다. 얼어붙은 빨강은 빨강의 주인을 죽음으로 끌고 간다. 빨강이 더 이상 생명과 열기의 색이 아닌 것이다.

위험한 매혹

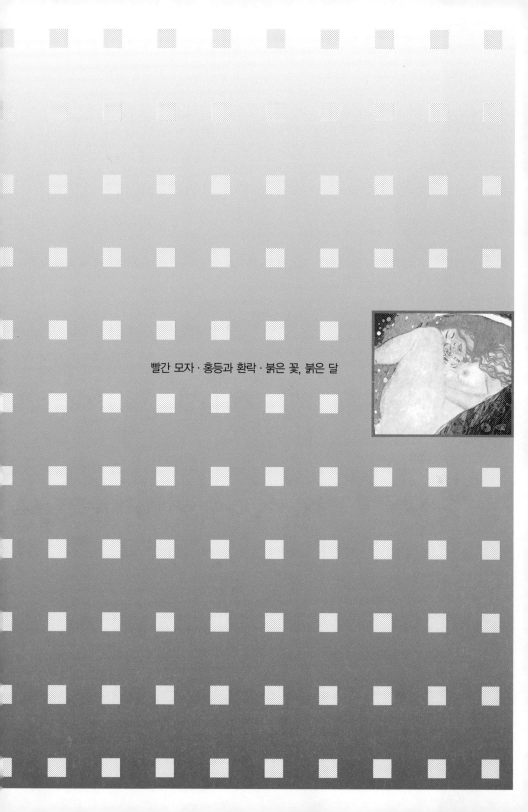

빨간 모자 · 홍등과 환락 · 붉은 꽃, 붉은 달

빨간 신은 지칠 줄을 몰라.

끝없이 춤추는 마법의 신이거든.

소녀를 이끌어

산꼭대기와 거리로,

들판과 숲 속으로 끌고 다니지.

낮이고 밤이고

세월이 흐르고

사랑도 흐르고

인생도 흘러가는데.

— 마이클 파월 〈빨간 신〉 중에서

빨간 모자

뱀이 이브에게 속삭여 한입 베어물게 만든 선악과는 무슨 색이었을까? 따먹으면 안 된다고 신이 경고한 것을 보면 참을 수 없을 만큼 맛있어 보여야 하거나 자꾸만 눈길을 잡아끌어서 손대고 싶은 욕망을 불러일으키는 모양이어야 할 것이다. 흔히 사과라고 알려진 이 금단의 과일은 틀림없이 빨간색이었으리라. 혹시라도 모르고 먹으면 큰일이므로 다른 과일과는 특별히 구분되도록 눈에 잘 띄는 색이어야 할 것이고, 멀리서도 알아볼 정도로 선명한 색이어야 하기 때문이다. 강력한 금지의 뜻을 담은 표지들은 모두 빨간색이 아닌가.

빨간색은 그 어떤 색보다도 눈에 잘 띈다. 광학적으로 말하면 가시광선 중에서 가장 긴 파장을 가졌기 때문이다. 빨강은 자신이 있는 장소에서 아주 멀리까지 빛을 내뿜을 수 있는 색인 것이다. 그러므로 빨강은 자신을 드러내는 자신만만한 색이지 결코 수줍게 자신을 감추는 색이 아니다. 그런데 빨강은 자신을 드러내면서 단서 조항을 붙인다. '나를 쳐다보세요. 그러나 만져서는 안 됩니다!' 빨강은 우리의 눈길을 끌지만 가까이 가면 위험하다. 불이나 피의 색이므로 죽음을 부른다.

「아담과 이브」(부분), 마사초

강력한 금지는 위반의 유혹을 불러일으킨다.
빨강이 금지의 표시로 사용될 때 그것은 유혹의 힘을 증폭시킨다.

그런데 금지는 항상 위반의 유혹을 불러일으킨다고 하지 않던가. 선명한 빨간색을 띤 금단의 사과는 먹으면 안 되는 과일이지만 그럴수록 먹고 싶은 마음은 더 강해지게 마련이다. 설령 그 사과가 아무 맛이 없다고 해도 이브의 마음속에서는 이미 세상의 어떤 과일보다 맛있는 과일로 변모해 버렸으리라.

　그러고 보니 먹어서는 안 되는 빨간 사과가 또 있다. 백설공주를 죽이기 위해 계모가 만든 독사과다. 이 사과는 한쪽 면은 하얗고 한쪽 면은 아주 빨갛다. 계모는 백설공주를 안심시키기 위해 사과의 반쪽을 먹어 보인다. 물론 계모가 먹는 쪽은 하얀 쪽이다. 빨간 쪽은 유혹 당할 사람을 위한 부분이다. 그 사과 역시 먹어서는 안 되는 사과이기는 매한가지다. 이브와 백설공주는 빨간 사과의 유혹에 넘어가 불행에 빠진다. 이브는 파라다이스에서 쫓겨나고 백설공주는 죽음처럼 깊은 잠에 빠진다. 그런데 이브나 백설공주가 아주 착하거나 현명해서 그 빨간 사과를 먹지 않았다면 어떻게 되었을까? 그랬다면 이 세상은 세상물정 모르는 순진한 여자와 남자가 죽지도 않고 영원히 사는 심심한 곳이 되었거나, 백설공주는 내내 계모의 질투심을 불러일으키는 철없는 여자아이로 남았을 것이다. 이브가 먹지 말라는 빨간 사과를 먹었기에 그들은 아이를 낳을 수 있었고 백설공주는 어린 소녀에서 숙녀로 자라 왕자님과 결혼할 수 있었다.

　물론 여기서 빨간 사과는 인간의 성욕을 나타내는 상징이다. 그것은 금지와 유혹을 한꺼번에 지니고 있으며 쾌락과 죽음을 한꺼번에 가져다준다. 성은 인류 역사 속에서 오랫동안 금기의 대상이었다. 그것은 감춰야 하는 것이고 공적으로 거론될 수 없는 영역이었다. 그러나 인간의 삶에서 본질적인 영역이기도 한 만큼 감춰질 수만도 없고 입다물 수만도 없었다. 그러므로 성은 수많은 은유와 상징의 방식으로 표시되고 이야기된다. 인간은 수많은 우회적 의사 소통 방식들을 고안해 냈고 프로이트는 그것이 곧 문화라고 했다.

성을 색으로 표현한다면 아마 빨간색일 것이다. 물론 이것은 개인적인 성의 체험이 그렇다는 것이 아니라 오랫동안 많은 사람들이 성을 빨간색으로 표시해 왔다는 것이다. 포르노그래피는 빨간 책이며, 유곽은 홍등가다. 뿐만 아니라 동화 속에 등장하는 성은 항상 빨간색이다. 빨간 모자가 그렇고 우리가 분홍 신으로 알고 있는 빨간 신이 그렇다. 살결이 눈처럼 하얀 백설공주는 피처럼 빨간 입술을 지녔고, 어머니가 바느질하다 바늘에 찔려 빨간 피를 세 방울 흘린 후에 태어나며 빨간 독사과를 먹고 잠에 빠진다. 옛날 이야기들은 이 빨간색을 통해 무슨 말들을 하는 것일까? 그 빨간색 껍질을 벗겨보자.

> 작은 빨간 모자야, 네 주위에 예쁘게 피어 있는 저 아름다운 꽃들 좀 보렴. 넌 왜 둘러보지 않니? 그리고 새들이 저렇게 아름답게 노래하는데 넌 신경도 쓰지 않는 것 같구나. 넌 마치 학교 가는 애처럼 그저 앞만 보고 걷는구나. 생각해 보렴. 숲 속을 여기저기 거닌다는 게 얼마나 즐거운 일인지!

샤를 페로가 정리하여 그림 형제가 책으로 남긴 구전 동화『빨간 모

「사랑의 여신」, 지오반니 세간티니

성은 빨간색으로 표시되곤 한다. 포르노그래피는 빨간 책이며 유곽에는 빨간 불빛이 넘쳐난다.

자』에서 늑대는 어머니의 심부름으로 할머니 댁에 가는 빨간 모자를 이렇게 유혹한다. 어머니는 빨간 모자에게 숲 속에 사는 할머니한테 신선한 포도주와 방금 구운 과자를 갖다드리라고 한다. 그리고 숲에서는 절대로 한눈 팔지 말라고 당부한다. 그러나 빨간 모자는 숲에서 만난 늑대의 유혹에 빠져 이곳저곳을 돌아다니며 할머니에게 드릴 꽃을 꺾고 바보스럽게도 할머니가 사는 집까지 늑대에게 알려준다. 늑대는 빨간 모자가 숲 속에서 노는 동안 할머니 집을 찾아가 할머니를 잡아먹고 할머니 흉내를 내며 누워 있다가 뒤늦게 도착한 빨간 모자를 잡아먹어 버린다. 여기까지가 샤를 페로의 이야기다.

이 이야기는 물론 집 바깥은 조그만 여자아이에게 위험한 곳이며 특히 늑대로 표상되는 남성은 여자아이가 항상 경계하고 조심해야 하는 대상이므로 위험에 빠지지 않기 위해서는 어머니의 말씀을 잘 들어야 한다는 정도의 진부한 교훈을 전달한다. 하지만 심리학자와 정신분석학자들의 말을 들어보면 이 동화는 그렇게 단순한 얘기가 아니다.

빨간 모자를 유혹하여 잡아먹는 나쁜 늑대는 여자아이의 마음속 깊은 곳에 숨어 있는 무의식적 욕망이다. 프로이트 계열의 심리학자들은 인간의 마음속에 숨어 있는 본능적인 성욕이 동물이나 괴물의 모습으로 그려진다고 말한다. 늑대의 유혹은 빨간 모자로 표시되는 어린 여자아이의 마음속에 숨어 있는 성적 본능의 유혹인 것이다. 그럼 할머니는 무엇일까? 동화 속의 소녀가 할머니에게 선물 받은 빨간 모자를 쓰고 다녀서 빨간 모자라고 불린 걸 보면 할머니는 이름을 지어준 존재다. 그러므로 할머니는 어린 소녀의 의식을 지배하고 정체성을 부여하는 초자아인 셈이다. 늑대가 할머니를 죽이고 빨간 모자마저 잡아먹었다는 것은 소녀의 성적 본능이 그 본능을 억압하는 목소리를 죽이고 소녀를 지배했음을 의미한다.

그림 형제가 각색한 『빨간 모자』에서는 지나가던 나무꾼이 할머니와 빨간 모자를 잡아먹고 곯아떨어진 늑대의 배를 갈라 두 여자를 구출한다. 그리고 세 사람은 늑대의 뱃속에 돌멩이들을 가득 넣어 다시 꿰매버리고 잠에서 깬 늑대는 배가 무거워 배를 질질 끌고 걷다 넘어져 죽는다. 그 이후로 빨간 모자는 늑대의 달콤한 유혹에도 끄떡 않으며 큰길을 벗어나지도 않고 숲을 지나 무사히 할머니 댁에 도착했고, 할머니는 빗장을 확실히 잠가 늑대가 침입할 수 없게 경계했다. 그후 할머니 집을 기웃거리던 또 다른 늑대는 지붕 위에 올라갔다가 할머니와 빨간 모자의 꾀에 의해 소시지를 끓인 물에 떨어져 빠져죽는다. 그림 형제의 『빨간 모자』에는 늑대를 향한 두 여자의 무시무시한 복수극이 덧붙여져 있는 것이다.

그림 형제의 『빨간 모자』에서 빨간 모자는 나무꾼의 도움으로 되살아나 뱃속에서 나오며 이렇게 말한다. "그 속은 너무 캄캄하고 무서웠어요." 자신의 미성숙한 욕망에 희생된 여자아이는 심리적 공황과 자아의 죽음을 맞이하고 그것을 통해 다시는 늑대의 유혹에 성급하게 빠지지 않는 성숙한 어른으로 성장한다. 그리고 성숙한 그녀는 할머니인 초자아와 더 이상 갈등하지 않으며 그 결과 늑대로 나타나는 동물적 성욕을 극복하는 존재로 거듭나는 것이다.

이것은 동화학자인 브루노 베델하임의 해석이다. 그런데 이 해석 역시 지나치게 교과서적이고 도덕적이며 체제 옹호적이다. 그는 빨간 모자로 표현되는 여성의 성은 금기에 길들여져야 한다고 본 것이다. 우리의 주제인 빨강의 속성을 이야기하기 위해서는 정신분석학자 앨런 식수의 해석이 더 유용해 보인다.

앨런 식수는 노골적으로 드러내놓고 말한다. "빨간 모자는 여성의 클리토리스를 의미한다." '빨간 모자'는 불어의 '샤프롱 루즈(chapron rouge)'를 번역한 것이다. 샤프롱은 모자라기보다는 모자가 달린 망토다. 모자가 달린 빨간색 망토는 클리토리스를 닮았다. 그렇다면 빨간 모자 이야기는 여성의 성기관에 대한 이야기임과 동시에 여성이 스스로 성의 환락을 찾아나가는 여정에 대한 이야기다. 빨간 모자를 위험한 숲에 혼자 보낸 사람은 어머니다. 빨간 모자의 목적지 역시 할머니 댁이다. 이 이야기는 어린 여자아이와 어머니와 할머니로 연계된 여성적 서사다.

빨간 모자는 앞치마 속에 신선한 포도주와 갓 구운 과자를 숨기고 있다. 물론 이 음식들은 그녀가 지닌 성의 속성이다. 그리고 이 음식들은 병들어 누워 있는 할머니를 소생시킨다. 그녀 안에 숨겨진 포도주처럼 넘쳐흐르는 성의 환락과 갓 구운 과자처럼 달콤한 쾌락은 빨간 모자라는 이름을 선사한 그녀의 초자아를 회생시키기 위한 것이다. 늑대는 동물이라기보다는 그녀 안에 감추어진 쾌락의 근원을 빼앗는 자, 클리토리스를 거세하는 자다. 그러므로 페로의 이야기에서 늑대에게 잡아먹히는 빨간 모자는 여성이 자신의 성의 환락을 희생시키고 만다. 물론 그 희생은 숲의 지배자이며 강자인 늑대, 즉 남성 권력에 의해 이루

빨강의 유혹
빨강의 유혹은 그것이 금지의 표시이기 때문에 더욱 강하다. 그러나 금지는 위반을 부르고 위반은 쾌락과 고통을 함께 가져온다.

어진다. 그렇다면 그림 형제가 덧붙인 뒷이야기는 환락의 부활이 된다. 하지만 이 이야기 역시 미진하다. 나무꾼의 도움이 없다면 두 여자는 계속 캄캄한 늑대 뱃속에서 죽어가야 할 것이다. 결국 여성의 성적 정체성이 착한 나무꾼의 도움으로 살아난 것이다. 그러므로 이 이야기가 진정으로 여성적 서사가 되기 위해서는 다시 쓰여져야 한다.

과거의 동화가 보여주는 이데올로기적 편견을 극복하고 동화 다시 쓰기를 전개하는 작가 제임스 핀 가너는 『정치적으로 올바른 베드타임 스토리』에서 『빨간 모자』의 뒷부분을 이렇게 고쳐 썼다. 빨간 모자가 할머니로 변장한 늑대를 한눈에 알아보고 늑대를 비꼰다. 그리고 둘은 난투극을 벌인다. 그때 길을 지나가던 나무꾼이 들어와 늑대를 죽이려 한다. 그러자 빨간 모자는 이렇게 말한다. "성차별주의자! 종차별주의자! 남자가 도와주지 않으면 여자와 늑대는 자기 문제도 스스로 해결할 수 없다는 건가요?" 그리고 빨간 모자의 말에 감동한 할머니가 늑대 뱃속에서 튀어나와 나무꾼이 들고 있던 도끼를 빼앗아 나무꾼을 죽이

「다나에」, 구스타브 클림트

관능의 유혹은 붉다. 붉은색의 유혹은 그녀의 몸 구석구석에서 흘러넘친다.

고 빨간 모자와 늑대와 할머니 셋이 행복하게 지내는 것으로 끝난다.

이야기가 길어졌다. 우리의 주제인 빨간색으로 돌아가자. 빨간색은 성의 표지로 등장한다. 특히 여성의 성과 결부된다. 빨간색이 왜 여성의 성을 나타내는 것일까? 앨런 식수의 해석에서 얻은 힌트를 염두에 두고『백설공주』를 들여다보자.

『백설공주』에는 앞에서 잠깐 언급했듯이 핏빛 빨강의 이미지가 여기저기 등장한다. 눈 내리는 어느 날 백설공주의 어머니는 창가에서 바느질을 하다 바늘에 찔려 피 세 방울을 흘리며 말한다. "눈처럼 하얀 살결과 피처럼 붉은 입술, 숯처럼 검은 머리를 가진 아기가 태어났으면!" 그리고 정말 소원대로 예쁜 여자아이가 태어난다. 백설공주의 이미지 속에는 이미 눈처럼 하얀 순결과 피처럼 붉은 유혹이 한꺼번에 잠재되어 있는 것이다. 어머니가 흘린 세 방울의 피는 생리혈의 이미지다. 백설공주는 피와 함께 태어나 피 흘리는 존재로 자라날 것이며, 그것은 또한 백설공주가 지닌 아름다움과 매혹의 근원으로서의 여성성을 의미하기도 한다.

계모가 백설공주를 질투하는 것도 그녀가 성장함에 따라 점점 드러나는 여성적 매력 때문이다. 그래서 계모는 백설공주를 죽이라고 명령하고 그 증거로 백설공주의 간을 가져오라고 요구한다. 그리고 사냥꾼이 가져온 산짐승의 간을 요리해 먹는다. 그녀가 백설공주의 간을 먹으려는 것은 희생물의 힘을 자기 것으로 만들고자 하는 오랜 관념을 나타낸다. 백설공주의 아름다움은 내부 기관에서 나온다. 직설적으로 말하면 그녀의 성적 매력은 간이 아니라 자궁에서 오는 것이다.

자궁은 아이를 잉태하고 생리혈을 만들어내는 기관이며 여성적인 힘의 근원이기도 하다. 백설공주가 성장하면서 보여주는 아름다움은 그녀의 여성성에서 나오고, 그것은 피처럼 붉은 입술 속에 환유적으로 나타난다. 그러므로 피처럼 붉은 입술을 지닌 그녀가 역시 피처럼 붉은 독사과를 베어먹는 장면은 『백설공주』가 숨기고 있는 성적인 서사의 절정이다.

동화 『백설공주』를 모티프로 제임스 전이 안무한 발레 〈백설공주〉에서는 이 장면을 직설법에 가까운 방식으로 성적 서사를 노출한다. 노파로 변장한 계모가 백설공주에게 빨간 사과를 내밀며 말한다. "여자의 몸을 느껴봐. 이번엔 남자를 느껴봐." 노파가 이런 제스처를 취하는 동안 무대는 온통 붉은 빛으로 물들고 남녀 한 쌍이 등장하여 관능적인 탱고를 춘다. 드디어 사과를 한 입 베어먹는 순간 백설공주는 쓰러지고 무대 위에서 빨간색 천이 내려와 역동적으로 펄럭거린다. 그녀는 이제 빨강의 세계로 들어간 것이다. 또는 빨강의 세계가 그녀를 집어삼킨 것이다. 여기서 빨강은 관능을 의미한다.

빨강은 관능의 세계이며 관능이 내포하는 유혹을 나타내는 색이다. 그 유혹은 여성의 빨간 입술, 붉은 젖꼭지, 클리토리스, 생리혈 등 여성의 몸 구석구석에서 발산된다. 그것은 빨간색이 그러한 것처럼 에너지를 발산하고 스스로 넘쳐흐른다. 그 흘러넘치는 에너지는 그것을 두려워하는 사람들에게 금기의 대상이 되거나 은폐되어야 하는 것으로 변모한다. 그렇게 오랜 세월 감춰지고 금지된 것은 또한 성스러운 것으로 변모하기도 한다. 그것은 감춰져 있을 때는 성스럽지만 드러날

「쾌락의 여왕」, 툴루즈 로트레크

로트레크가 포스터에 즐겨 썼던 밝고 따뜻한 느낌의 빨간색은 그 색만으로도 '물랭루즈' 의 화려함과
환락적인 분위기를 드러내는 데 손색이 없다.

때는 외면과 지탄의 대상으로 변한다. 그것은 금기의 대상이며, 금지된 것이기 때문에 유혹적이다. 그런데 모든 금기는 위반의 욕망을 불러낸다고 하지 않던가. 철학자 조르주 바타이유는 그것이 에로티시즘의 본질이라고 말했다. 그는 또한 에로티시즘이 신성과 유사하다고 했다. 둘 다 그 대상이 금기의 영역 속에 놓여 있고 보이지 않는 곳에서 강한 힘을 발휘하기 때문이다. 차이가 있다면 "오랜 세월 에로티시즘이 저주받아 버려진 것이었다면 신성은 풍요로움으로 축복 받은 것이었다"는 점이다. 빨강의 운명 역시 비슷했다. 빨강이 에로티시즘의 표지로 나타날 때는 죄악이나 파탄 등의 부정적인 연상으로 이어지지만 신성의 표지로 나타날 때는 영광을 안지 않았던가.

성서에서는 죄의 색을 빨강으로 규정하고 있다. "너희 죄가 진홍처럼 붉어도 눈처럼 희어질 것이며 너희 죄가 다홍같이 붉어도 양털같이 되리라." 기독교 문화권에서 진홍이나 다홍은 분명 죄의식을 나타내는 색이다. 환락의 도시였던 소돔과 고모라가 멸망하자 하늘에서 이 말이 울렸다고 한다. 그렇다면 이브를 유혹했던 빨간색의 욕망이 세상을 망하게 만들었다는 얘기가 된다. 결국 그들은 붉은색 죄를 씻고 또 씻어 희게 만들어야만 했다. 그리고 몇 번의 경고에도 불구하고 붉은색에 빠진 자들은 마침내 신이 제거해야 할 대상으로 자리매김되는 것이다. 그리고 그들이 맞이하는 사건은 죽음이다.

예전에는 『분홍 신』, 근래에는 『빨간 구두』로 번역되어 소개되는 안데르센의 동화 『빨간 신』은 전형적인 경우다. 알다시피 『빨간 신』의 주인공 카렌은 할머니의 충고를 어기고 검정 구두 대신 빨강 구두를 산다. 거리에서 한 번 본 그 빨강 구두를 잊을 수가 없었던 것이다. 할머니는 빨강 구두를 보고 말한다. "망측하기도 해라!" 카렌에게는 말할 수 없이 아름다운 구두가 할머니의 눈에는 차마 눈뜨고 볼 수 없는 물건인 것이다. 물론 여기서 빨간색은 욕망의 색이며 더구나 빨강 구두는 마음 깊은 곳에 자리잡은 여성적 성욕의 상징이다. 유럽의 청교도주의는 절제와 금욕을 가장 중시했고 그런 사회에서 빨강은 문란한 색이었다. 그러므로 여성이 빨간색을 걸친다는 것은 말할 수 없이 뻔뻔스러우며 수치스러운 일이었다. 빨강은 창녀의 색이며 부도덕한 색이었다. 물론 당시의 영국이나 북독일에서만 그랬던 것은 아니다. 청교도의 나라도 아닌 우리나라에서도 얼마 전까지 그랬으니까.

카렌은 기어이 빨강 구두를 신었고 문제는 그 다음에 벌어진다. 그 구두는 그녀의 예쁜 발에 맞춘 것처럼 잘 맞았다. 그러나 그녀의 발이 움직이기도 전에 신발이 발을 이끌어 그녀를 춤추게 만들었다. 그녀는 원래 춤을 좋아하는 소녀였으므로 빨강 구두가 옮겨주는 스텝이 아주 즐거웠다. 하지만 너무 지쳐서 더 이상 춤출 마음이 나지 않는데도 춤은 그쳐지지 않는다. 게다가 구두조차 발에 딱 달라붙어 벗겨지지도 않는다. 빨강 구두가 그녀의 주인이 된 것이다. 그녀는 빨강 구두를 신은 채 마을을 지나고 교회당을 지나고 숲과 들판을 지난다. 물론 계속 춤추면서 말이다. 한번 시작된 욕망의 춤은 마음대로 그쳐지지 않는다. 한번 분출되기 시작한 욕망은 끝이 없는 것이다. 결국 그녀는 산속에서 만난 나무꾼에게 부탁한다. "내 발을 잘라주세요!" 『빨간 모자』에서 늑대의 배를 갈랐던 나무꾼이 이번에는 빨강 구두를 신은 발을 자른다.

동화는 정말 잔혹하다. 카렌은 발이 잘리고 나서야 춤을 멈춘다. 그
녀는 이제 더 이상 춤출 수 없다. 뿐만 아니라 교회당 앞에 가서 자신
의 잘못을 용서해 달라고 속죄까지 한다. 대체 그녀는 무엇을 잘못한
것일까? 그녀의 잘못은 표면적으로 보자면 관습을 어기고 빨강 구두를
신은 죄밖에 없다.

『빨간 신』을 읽거나 들은 아이들은 무슨 생각을 했을까? 내 가물가물
한 기억으로는 '춤추는 것은 나쁜 일인가 보다' 라는 느낌과 '분홍색 신
발(그땐 『분홍 신』이었으니까)은 나쁜 신발' 이라고 느꼈던 것 같다.
이 동화를 읽고 자란 많은 어른들도 나와 비슷한 생각을 했을 것이다.
분명한 것은 그 동화 때문에 분홍색에 대한 편견을 갖게 되었다는 사실
이다. 그 색은 이후 어리석은 여자아이들의 색이 되었다. 분홍 신이 아
니라 '빨간 신' 으로 번역된 동화를 읽었다면 빨간색에 대해 똑같은 편
견을 갖게 되었을 것이다.

우리가 빨간색에 대해 어떤 편견을 가지고 있다면 이와 비슷하게 형
성된 것이리라. 그 편견 속에서 빨강의 세계는 호기심을 불러일으키지
만 결코 빠져서는 안 되는 세계다. 그 속에는 깊숙이 숨은 원초적 욕망
이 도사리고 있으며 그 문을 여는 순간 놀라운 쾌락이 넘쳐난다. 하지
만 마지막에는 죽음과 파멸로 이끈다. 이것이 에로티시즘의 표지로 나
타나는 빨강의 운명이다. 빨강의 세계는 우리를 물들이고 타락시킨다.
그러므로 순수하게 남아 있어야 하는 착한 사람들은 빨강의 세계에 가
까이 가서는 안 된다. 뿐만 아니라 빨강의 세계는 지상에서 사라져야

하는 악한 세계이다. 이것이 빨강에 씌워진 편견이다. 정치적인 레드 콤플렉스 역시 이와 비슷한 맥락에 놓여 있을 것이다. 그 이야기는 '붉은 혁명'에서 다루자.

안데르센의 동화『빨간 신』을 모티프로 마이클 파웰 감독이 만든 동명의 영화 속에서 빨간 신은 예술의 악마성의 다른 이름으로 등장한다. 동화 속에서 빨간 신의 주인 카렌은 프리마돈나 발레리나 빅토리아로, 빨간 신을 만들었던 악마는 발레단의 단장 레먼토프로 탈바꿈한다.

레먼토프는 빅토리아의 재능을 알아보고 그녀를 최고의 프리마돈나로 만든다. 그러나 그녀는 발레음악을 만드는 줄리앙과 사랑에 빠지고 질투심에 불탄 레먼토프는 빅토리아에게 말한다. "본능이나 본성을 무시하는 것이 예술가로 성공하는 길이야." 빅토리아는 사랑과 예술 사이를 방황하다 결국 사랑을 버린다. 그러나 빨간 신의 마법은 그녀를 행복하게 하지는 못한다. 그녀는 무대 위에서 신들린 듯이 춤추다 동화에서처럼 빨간색 토슈즈에 이끌려 극장을 뛰쳐나간다. 그녀는 신발이 끌고가는 대로 끌려가다 달리는 철로에 몸을 던진다. 카메라는 피투성이가 된 그녀의 발을 비추고 그녀는 죽어가면서 말한다. "줄리앙! 내 빨간 신을 벗겨줘요!" 안데르센의 카렌이건 마이클 파웰의 빅토리아건 빨간 신의 마법에 걸린 여자는 결국 발이 잘려야 거기서 벗어날 수 있는 것이다.

어쨌든 빨강으로 물든 욕망의 진원지는 잘려야 하는 것이거나 없어져야 하는 것, 그것도 아니라면 감춰져야 하는 대상이었다. 그런데 빨강을 감추기 위해 붙인 딱지 역시 빨강이다. 이브가 먹은 선악과처럼 말이다. 철저히 감추기 위해 붙인 딱지가 오히려 그것을 떼어내려는 욕망을 강화한다. 그것이 숨기려는 대상을 더 돋보이게 만드는 셈이다. 금지는 욕망을 강화하여 과잉된 욕망마저 만들어낸다. 그리고 과잉된 욕망은 아이러니하게도 빨간색으로 포장되고 제한된 세계에서 더욱 증폭된다. 그러므로 빨강을 몰아내려는 곳일수록 빨강으로 제한된 세계는 더욱 빨갛다.

홍등과 환락

"물랭루즈, 물랭루즈, 누구를 그리며 도는가, 빨강 풍차여! 사랑의 괴로움인가, 죽음의 꿈인가. 누구를 그리워하며 새벽녘까지 도는가." (오페라 〈천국과 지옥〉 중에서) 한때 명동에서 이름을 떨치던 극장식 식당의 이름이기도 한 '물랭루즈(Moulin Rouge)'는 빨강 풍차라는 뜻의 불어다. 그리고 1889년 파리 몽마르트르 거리에 세워진 대형 유흥장의 실제 이름이기도 하다. 물랭루즈에서 춤과 오케스트라 연주, 서커스가 함께 이루어졌고 술과 사교와 환락이 펼쳐졌음은 말할 것도 없다. 그 명성이 유럽 전역에 퍼질 정도였다.

유럽에서 풍차가 돌아가는 곳은 방앗간이다. 동서양을 막론하고 방앗간은 남들의 눈을 피해 남녀상열지사가 이루어지는 장소다. 물랭루즈 역시 사랑과 욕망과 쾌락이 분출되는 장소였다. 빨강 풍차라는 이름은 그냥 지은 게 아닌가 보다.

물랭루즈의 광고 포스터를 도맡다시피 했던 사람이 툴루즈 로트레크이다. 그가 그린 포스터에는 빨강이 빠짐없이 등장한다. 무희와 여배우의 치맛자락 위에, 입술과 머리카락 위에, 그것도 아니라면 '물랭루

「살롱에서—의자」, 툴루즈 로트레크
환락가에는 빨강이 넘쳐난다. 그러나 그 빨강 속에는 삶의 허무와 무게도 함께 담겨 있다.

즈'라고 쓰여진 글자 위에 예의 빨간색이 자리잡고 있다. 물론 포스터들은 여러 장 인쇄해야 하고 당시의 인쇄 기술로 보아 색이 몇 가지로 제한될 수밖에 없었을 것이며 그렇기 때문에 빨강이 그토록 자주 나타났을 수도 있다. 그러나 그의 빨간색은 물랭루즈의 분위기를 보여주는 데 더할 나위 없이 적절해 보인다. 밝고 따뜻한 느낌의 이 빨간색들이 물랭루즈의 화려함과 환락으로 가득 찬 분위기를 전해 줄 뿐 아니라 화려한 외양에 감춰진 환락가 인간들의 삶의 정서까지도 담겨 있기 때문이다.

로트레크는 물랭루즈뿐 아니라 무희와 창녀들이 넘쳐나는 곳은 어디든 좋아했다. 그는 가끔 잠적하여 주위의 친구들을 불안하게 했는데, 주로 사창가에 있었다고 한다. 그곳을 집보다 편하게 느꼈고 창녀들은 그의 친구였다. 그는 사창가에서 먹고 자면서 그녀들을 가까이에서 들여다보았다. 그리고 동질감을 느꼈다. 작품마다 함께 했던 무희와 창녀들을 그린 건 당연한 일이었다. 로트레크가 함께 생활하면서 그린 여자들은 화려하게 치장된 욕망의 대상이 아니라 삶의 무게와 허무를 동시에 지닌 모습이다. 그의 창녀 그림들을 못마땅하게 여겼던 당시의 평론가 옥타브 마우스는 그의 그림들을 일컬어 '모든 관행을 벗어던진 예술', '쓸쓸한 맛과 열기, 그리고 추잡함의 예술'이라고 비난했다. 하지만 로트레크는 여자들을 왜 이렇게 예쁘지 않게 그리느냐는 질문에 이렇게 대답했다고 한다. "그녀들이 추하기 때문입니다."

이제 로트레크의 그림 속에서 빨간색이 어떻게 나타나는지 살펴보자. 여러 가지 빨간색이 넘쳐나는 작품 중에 「살롱에서─의자」(1893~94)가 있다. 우선 중앙에 자리잡은 여자의 옷은 온통 주홍색이다. 입술에 칠한 주홍색과 검게 그린 눈썹을 보면 그녀는 방금 화장을 마치고 손님을 기다리는 것 같다. 그런데 손님을 유혹하는 얼굴이 아니다. 오히려 자신이 왜 거기에 앉아 있는지 전혀 모르겠거나, 아니면 그런 것에는 관심조차 없는 듯 무심하다. 짙은 화장에 가린 눈에서는 공허와 체념의 빛을 한꺼번에 뿜어내고 있다. 또한 그녀의 주홍색 옷을 가만히 들여다보면 로트레크가 색을 어떻게 칠했는지 보인다. 길고 가느다랗게 듬성듬성 칠한 붓자국이 보이지 않는가. 주홍색은 그녀와

「물랭 가의 살롱에서」, 툴루즈 로트레크
유곽은 성이 넘쳐흐르고 소비되고 발산되는 장소이다. 거기에는 빨간색이 넘쳐난다.

밀착되어 있지 않다. 그 때문에 주홍색 옷의 주인은 살집 좋은 얼굴과 건장한 체격에도 불구하고 마냥 탐욕스러워 보이지 않는다. 하지만 그녀는 붉은 빛으로 둘러싸여 몸을 팔아야 하고, 그것이 그녀의 실존적 상황이다.

「물랭 가의 살롱에서」(1894) 역시 그림 전체가 빨강 톤이다. 푹신해 보이는 붉은 소파가 그림의 3분의 1을 차지한다. 맨 앞에 앉은 여자는 연한 푸른 빛이 도는 얇은 원피스에 검정 스타킹 차림으로 한 쪽 다리를 길게 펴고 앉아 있다. 편안해 보이기도 하고 권태로워 보이기도 한다. 그 옆에 앉은 여자 얼굴에는 피로감이 가득하다. 그렇지만 허리를 꼿꼿하게 펴고 다소곳이 앉아 있다. 다리를 펴고 앉은 여자보다 힘이 없는 위치인 모양이다. 아니면 앞의 여자가 그녀를 새로운 손님에게 소개할 사람인지도 모른다. 그리고 보니 뒤에 앉은 두 여자 역시 구도가 비슷하다. 하늘거리는 빨간색 드레스를 입고 머리를 틀어올린 여자는 허리를 펴고 앉아 있지만 그 옆의 검정색 드레스를 입은 여자는 그렇지 않다. 왼쪽 여자의 얼굴은 둔하고 어리석어 보이며 오른쪽 여자의 얼굴에는 닳고 닳은 교활함이 보인다.

이 여자들을 둘러싸고 있는 소파와 바닥, 그리고 벽이 모두 붉다. 붉은 빛 조명을 받아 머리카락마저 붉어 보인다. 아니면 실제로 이 여자들의 머리카락이 붉었을지도 모른다. 붉은 머리는 창녀들의 머리 색깔이었으니까. 붉은 머리 여자가 잠자리에서 정열적이라는 당시의 속설 때문에 창녀들은 머리를 붉은색으로 염색했고, 그 때문에 창녀가 아닌데 붉은 머리를 가진 여자들은 곤혹스러워했다고 한다.

로트레크는 그림 속에서 모호함이나 외설스러움을 없애고 감상에 빠지지 않으려고 했다. 실제로 그의 그림 속 여자들은 유곽의 여자들임에도 불구하고 아름답게 포장되어 있지 않으며, 그렇다고 해서 신파조의 감상이 깃들여 있지도 않다. 그의 시선은 냉정한 것 같지만 오히려 정반대다. 그는 밤의 환락가에서 펼쳐지는 유흥과 쾌락을 누구보다도 사랑했고 적어도 유곽의 여자들을 타자의 시선으로 바라보지 않았다. 로트레크의 시선 속에서는 그와 같은 부류의 인간, 그가 사랑하고 삶을 함께 하는 친구들이었다. 그랬기 때문에 그의 그림 속에서 빨간색 주인공들은 따뜻함과 공허함을 함께 가지고 있으며 홍등가의 환락과 일상의 권태와 신산함의 흔적도 함께 가지고 있다.

알다시피 홍등가는 유곽, 성이 발산되고 넘쳐흐르고 소비되는 장소다. 거기서는 빨간색이 넘쳐난다. 그곳 여자들은 '새빨간 드레스를 걸쳐입고 붉은 불빛 아래에서' 춤춘다. 무엇보다도 그곳에는 붉은색 불빛이 난무한다. 중국에서 행운과 복을 가져다준다는 의미로 새해 첫날에 걸어놓았던 홍등은 사시사철 유곽을 밝혔다. 그래서 유곽은 홍등가가 되었다. 붉은색 등불은 보이는 것들에 열기를 가져다준다. 붉은색 빛으로 뜨거워진 몸과 살은 정신까지도 뜨겁게 만들며 사람을 몽롱한 열기에 취하게 만든다. 붉은 등불은 차가운 이성을 잠들게 하고 몸과 정신을 온통 뜨거운 열기로 가득 차게 한다.

빨간색은 인간의 생식과 생명 기능을 담당하는 가장 아랫부분의 차크라 색이라고 앞에서 말한 적이 있다. 붉은 등불 아래에서 생명체들은 생명의 가장 원초적인 기능을 왕성하게 수행한다. 식물 역시 붉은 빛에 예민하다. 빛을 좋아하는 식물들은 대체로 붉은 빛을 오래 쬐면 빨리 꽃을 피운다. 물론 빛을 싫어하는 식물은 그 반대다. 꽃은 식물의 생식기 아닌가. 새들 역시 빨간색에 민감하다. 열대 지방에서 빨간색 꽃들을 찾아다니며 꽃가루를 날라다주는 것은 벌이 아니라 새들이다. 물론 빨간색 꽃에 벌나비가 앉지 않는다는 것이 아니라 그들이 빨간색에 무감하다는 것이다. 실제로 곤충들은 가시광선에는 장님이다. 그들이 보는 것은 가시광선 너머의 파장인 자외선이다. 우리나라에서는 동백꽃의 꽃가루가 새들에 의해 운반된다고 한다. 그 일에는 다람쥐도 합세한다. 생물학자인 최재천 박사의 말이다. 빨간색 꽃은 곤충이 아니라 척추 동물을 유혹하기 위한 색이라고 한다.

생명체의 가장 원초적인 욕망과 결부된 붉은색이 인간 사회에 오면 단순한 생명 유지와 생식의 코드로만 작용하지 않는다. 에로티시즘과 홍등가와 연루된 빨강에 대한 우리의 반응은 분명 신성과 권위를 나타내는 징표로서의 빨강에 대한 태도와 아주 다르다. 두 빨강이 아무런 명도 채도의 차이가 없는 동일한 빨간색일 때도 말이다. 그러므로 색의 의미는 단순히 색 자체에서 나오는 것이 아니다. 말할 것도 없이 색과 연루된 관념과 문화가 그 색의 의미를 만들어낸다. 따라서 우리의 주제인 빨강의 의미 역시 어떤 것도 본질적이지 않다. 때로는 엉뚱하게 생긴 소문이 대다수의 편견으로 이어지고 그것이 의미를 규정하는 경우도 허다하지 않은가. 『빨간 신』이 『분홍 신』으로 번역되면서 빨간색에 대한 편견이 고스란히 분홍색에 씌워지는 경우처럼 말이다. 만약 빨강 신이 보라색 신으로 번역되어 널리 알려졌다면 보라색에 그 의미

붉은 불빛의 라스베이거스

생명체들은 붉은 불빛 아래서 가장 원초적인 기능을 왕성하게 수행한다.
욕망과 환락의 욕구 역시 붉은 불빛 아래서 힘을 얻는 것이다.

가 덮여 씌워졌을 것이다. 그렇다면 색의 의미 역시 이데올로기적인 것이 분명하다. 우리의 관념이 의미를 생성해 내고 그렇게 생성된 의미가 우리의 삶을 규정하는 것이다. 그럼 색에 대한 우리의 관념은 어떻게 생성되는 것일까? 본능적인 것일까, 아니면 사회적 통념에 의해 규정되는 것일까? 물론 둘 다일 것이다. 그중 사회적 통념은 분명 권력의 문제와 맞닿아 있다. 때로는 본능마저도 권력의 이데올로기에 의해 규정된다.

빨강의 이미지를 통해 성과 결부된 권력의 문제를 조명한 영화가 있다. 장이모 감독의 〈홍등〉이다. 〈홍등〉은 그 제목에 걸맞게 빨간색 이미지들로 가득하다. 영화는 시작부터 화면을 온통 빨간색으로 채운다. 첫 장면에서 흰 블라우스에 검정색 치마를 입은 여주인공 송련이 붉은 보따리를 지고 가는 사내들을 지나서 사각형으로 밀폐된 것 같은 부잣집으로 들어간다. 집 안에는 수많은 홍등이 걸려 있다. 을씨년스런 빈 마당을 둘러싸고 네모난 격자 모양으로 방들이 늘어서 있고, 방문마다 줄줄이 홍등이 걸려 있는 이 장면은 영화가 끝날 때까지 몇 번에 걸쳐 등장한다. 그녀가 지낼 방은 빨간색 비단 침대와 빨간색 카펫, 역시 빨간색 비단 발덮개, 그리고 홍등 등 온통 빨강 일색이다. 송련이 묻는다. "왜 저렇게 많은 홍등을 걸어놓았죠?" 영화 내내 한 번도 얼굴을 보이지 않는 이 집의 주인 남자가 대답한다. "잘 보기 위해 불을 밝히는 거야. 밝은 게 좋잖아." 연이어 이 집의 첫째 부인이 혼잣말을 한다. "죄악이로다."

〈홍등〉은 커다란 저택 안에 한 남자를 주인으로 모시는 사는 첩들 사

「노예와 함께 있는 오달리스크」(부분), 장 오귀스트 도미니크 앵그르
여성의 몸은 남성의 욕망이 투사되는 장소이자 욕망과 권력이 교환되는 장소이기도 했다.
빨간색 천이 드리워진 그곳은 남성적 욕망이 여성의 몸을 통해 재현되는 장소이다.

이에 벌어지는 이야기다. 주인 남자는 오늘은 이 첩, 내일은 저 첩을 오가며 밤을 지낸다. 주인 남자가 거하는 방문 앞에는 그날 밤 붉은색 등이 걸린다. 방문 앞에 등이 걸렸다는 것은 그 공간에 주인의 몸이 자리잡고 있다는 표시다. 또한 그것은 그 방의 여자가 곧 주인의 권력을 나눠받았다는 걸 의미하기도 한다. 그러므로 붉은 등이 걸렸던 방의 여자는 당당하고 거만하다. 하지만 주인의 욕망이 항상 한 곳에만 머무르는 것이 아니므로 그녀들은 늘 불안하다. 등불이 어느 방에 켜질지 모르는 것이다.

영화는 네 여자가 주인의 총애를 얻기 위해 교태와 책략을 동원한 암투를 벌이는 이야기로 이어진다. 셋째 부인은 외간 남자와 정을 통한 죄로 광으로 끌려가 죽음을 당하고 송련은 거짓 임신이 들통나 신임을 잃는다. 송련이 아이를 가졌다고 생각한 주인은 집 안 곳곳에 붉은 등을 켜놓으라고 명령한다. "백세를 누리도록 항상 등을 켜놓게." 그러나 임신이 가짜임이 드러나자 등마다 검은 천을 씌워버린다. 그리고 이 저택은 깊고 어두운 침묵에 싸인다. 영화는 송련이 미쳐버리고 다섯째 부인이 새로 들어오는 것으로 끝난다.

이 영화는 중국 사회를 오랫동안 감싸고 있던 가부장적 권력과 그 권력의 희생자로서의 여성의 몸과 삶에 대한 이야기다. 이것은 또한 장이모가 여러 번에 걸쳐 탐사해 왔던 주제기도 하다. 영화 속에서 빨간색은 홍등뿐만 아니라 각종 소품들에서도 넘쳐난다. 그리고 빨간색으로 나타나는 공간은 욕망이 자리하는 장소이자 곧 권력이 머무는 장소다.

예를 들어 주인의 총애를 입은 셋째 부인이 다른 부인들과는 달리 빨간색 비단옷을 입고 등장하는 장면이라든지 그녀가 주인 남자를 유혹하기 위해 노래를 부를 때 빨강 옷을 입고 있다 노래가 끝남과 동시에 그 옷을 벗어 거두는 장면 등이 그렇다. 빨간 신을 신은 송련의 발을 클로즈업하는 장면 역시 마찬가지다. 빨간 신을 신은 송련의 발은 발마사지 소리에 가늘게 경련한다. 이 영화 속에 반복적으로 등장하는 발바닥을 두들기는 나무 망치 소리는 붉은 등의 청각적 버전이라 할 만하다. 그 소리가 울려퍼지는 곳이 그날 밤 홍등이 걸릴 장소기 때문이다. 붉은 등과 함께 규칙적으로 울리는 나무 망치 소리는 몸의 욕망을 자극하고 다른 처첩에 대한 질투심을 불러일으킨다. 송련의 하녀인 연아 역시 붉은 방에 앉아 밖에서 들리는 발마사지 소리에 눈을 감은 채 환상에 빠져든다. 그리고 그녀 스스로 방안에 붉은 등을 걸었다가 들통나서 송련의 질책과 체벌을 받는다. 여성 스스로 홍등을 밝히는 것은 그 집안에서 불경죄에 해당하기 때문이다. 빨강의 주인이 여자가 될 수 없는 것이다. 그것은 주인 남자를 거쳐서 주어지는 것이지 여자 스스로 얻을 수 없는 것이다.

영화 속 빨강은 철저히 독점되어 있다. 그렇기 때문에 빨강을 소유하는 것은 권력 투쟁의 문제가 된다. 그런데 영화 속에서 그 권력을 두고 벌어지는 싸움은 권력의 실제 주인인 집주인 남자와 벌어지는 것이 아니라 여자들 사이에서 벌어진다. 그리고 그 싸움은 그녀들 모두를 파멸시킨다. 얼굴이 나타나지 않은 채 뒷모습과 목소리로만 등장하는 집주인은 이 싸움에서 아무 것도 잃지 않는다. 오히려 그녀들의 다툼으로 그의 존재가 훨씬 더 강력해진다. 홍등은 주인 남자의 욕망을 드러내는 표시지만 반대로 그것을 독점하고자 하는 여자들의 욕망으로 뒤바뀐다. 그녀들은 일부다처의 관계를 둘러싼 욕망의 교환 구조 속에서 스스로 욕망을 생산해 내는 것이다. 하지만 그녀들의 욕망은 사실 그녀들의 것이 아니다. 홍등처럼 주인 남자의 욕망인 것이다. 또한 홍등으로 나타나는 욕망은 곧 권력이다. 그 구도 속에서 그녀들은 스스로 권력의 주인이 될 수 없으며 그들이 가졌다고 생각하는 권력은 주인 남자의 권력을 강화하는 역할을 할 뿐인 가짜 권력인 것이다.

빨간색은 이 영화 속에서 모든 것을 나타내는 기호다. 그것은 욕망이 권력으로 바뀌고 또다시 권력이 욕망으로 바뀌는 장소의 표시다. 그리고 빨간색으로 덮여 있는 장소는 여성의 몸이다. 그것은 남자의 욕망이 거하는 장소이자 그의 욕망이 투사되는 장소다. '그'에게 그 욕망이 성취되는 것은 중국의 관습 속 홍등의 의미처럼 '부와 행복을 얻는 것'이다.

영화 〈국두〉도 장이모가 중국의 가부장적 관습 속에서 욕망의 문제를 다룬 작품이다. 이 작품에서도 〈홍등〉과 마찬가지로 욕망의 문제가 빨간색 외양을 띠고 나타난다. 한때 장이모의 연인이었다는 배우 공리가 이 영화에서도 여주인공으로 출연한다. '국두'는 공리가 맡은 주인공의 이름이다.

〈국두〉 역시 유교적 가부장제가 끌고 나가는 1920년대 중국 사회에서 그 질서의 희생물이 되는 남녀의 사랑을 다루고 있다. 여기서도 색은 〈홍등〉 못지않게 중요한 상징으로 작용한다. 국두의 배경은 지방의 작은 염색 공장이고 그 공장 안에 널려 있는 색색의 천들과 염색 물감은 영화 속에서 벌어지는 사건들을 암시하고 전개하는 데 중요한 구실을 한다.

줄거리를 잠시 훑어보자. 국두는 가난한 집 딸로 부유한 염색 공장의 늙은 주인 남자 왕서방에게 팔려오다시피 결혼한다. 왕서방에게는 심부름꾼처럼 부리는 조카 천청이 있다. 나이가 들어 성 능력을 잃은 지 오래되었으나 아들을 낳아 대를 이어야 한다는 생각을 강박증처럼 가지고 있는 왕서방은 자신의 무능한 성 능력을 국두의 탓으로 돌려 그녀를 폭행하고 학대한다. 그것을 곁에서 지켜보는 천청은 족보상으로는 자신의 큰어머니가 되는 젊은 국두에게 마음을 빼앗기고, 그러다 둘은 곧 사랑에 빠진다. 국두는 천청의 아이를 낳지만 아무 것도 모르는 왕서방은 자신의 아이라고 생각하고 기뻐한다. 그러던 어느 날 왕서방은 사고로 하반신 마비가 되고, 국두와 천청은 왕서방을 비웃으며 염색 공장 안에서 공공연히 사랑을 나눈다. 그러다 왕서방은 죽지만 이들은 그들의 사랑을 끝내 공개하지 못한다. 그들의 사랑보다 더 강하게 그들을 지배하는 것이 가문의 질서기 때문이다. 그리고 왕서방이 죽은 뒤에도 그들의 아들이 왕서방의 편이 되어 왕서방의 가부장적 권력을 계승했기 때문이다. 염색 공장의 주인도 가문의 주인도 아들이었다. 성장한 아들은 친부모인 두 사람을 끝까지 증오한다. 결국 천청은 아들의 손에 죽고 국두는 염색 공장을 불태우는 것으로 영화는 끝난다.

이 영화에서 빨간색은 염색되어 길게 걸려 있는 천과 천을 염색하기 위한 커다란 염색통 속에서 움직인다. 국두가 왕서방한테 학대당해 비명을 지르고 있을 때 천청은 염색통에 붉은 물감을 풀고 마구 휘젓는다. 붉은 물감이 섞인 물은 마치 끓어오르는 피처럼 물결과 거품을 낸다. 천청이 나중에 죽임을 당하는 곳도 이곳이다. 그는 기진맥진한 채로 아들에게 끌려와 이 물감통에 빠져죽는다. 마치 빨간 피를 담아놓은 듯한 이 커다란 물감통은 주인공들의 마음속에서 피끓는 분노와 그 분노가 매개가 되어 이루어지는 친족 살인의 장으로 나타나는 것이다. 물론 영화 속의 친족 살인은 큰아버지와 조카, 아버지와 아들로 연계되는 가부장제의 질서망 속에서 이루어진다. 이 빨간색으로 뒤범벅이 된 살인 장면은 기존의 중국 사회를 끌고 나가는 가부장적 질서와 권력에 대한 비판적 주장으로 읽힌다.

또 하나의 빨강은 염색천 위에서 펄럭인다. 영화의 초입에서는 노랑색 천들이 널려 있다. 그러다 염색천의 색이 빨간색으로 바뀌는데, 이것은 국두와 천청의 사랑이 무르익어 가는 표시로 나타난다. 널어놓은 빨간색 염색천이 마치 하늘에서 떨어져내리는 것처럼 풀려나와 바닥에 포개지는 장면은 국두와 천청이 몸을 섞는 장면과 교차된다. 빨강 천은 국두를 중심으로 해서 이루어지는 개인으로서의 남녀간 사랑의 표지다. 물감통 속의 빨강이 남성들간의 관계로 이루어지는 가부장제를 죽음으로 몰고 가는 장소라면 염색되어 빨갛게 펄럭이는 천들은 거기에서 자유로워지려는 여성이 새로운 질서를 세우고자 하는 장소다. 이 두 가지 빨간색 장소가 성욕으로 연계되어 있음은 말할 것도 없다. 물론 영화 속에서 국두의 희망은 실현되지 못한다.

천청이 죽자 국두는 공장에 널려 있는 빨간색 천에 불을 붙인다. 불은 빨간색 천들을 태우고 염색 공장을 태우고 모든 것들을 태워버린다.

붉은색으로 염색된 천

영화 〈국두〉에서 빨간색 물감통이 가부장적 질서를 죽음으로 몰고 가는 곳으로 그려진다면,
염색되어 펄럭이는 빨간색 천들은 그 질서 속에서 자유로워지고 더 나아가 새로운 질서를 세우려는
여성의 힘의 은유로 그려진다.

활활 타는 불이 길게 늘어진 빨강 천을 타고 올라가 온통 빨간색으로 뒤섞이는 장면은 이 영화의 압권이다. 그 붉은 불길 속에 서 있는 국두의 모습을 마지막으로 영화는 끝난다.

장이모는 중국인이 오랫동안 좋아한 빨간색을 통해 중국의 이야기를 하고 있다. 그들에게 빨간색은 행운을 가져다주는 색이며 그 행운은 신화의 시대에 하늘로 날아오르는 붉은 용에서 나타났던 호방하고 활달한 생명력에서 온다. 그 빨강이 〈홍등〉에서는 여성의 욕망을 희생양으로 삼는 가부장적 권력으로 등장하고, 〈국두〉에서는 개인적 욕망을 희생시키는 가부장적 질서를 무너뜨리고자 하는 의지로 나타난다. 그리고 두 영화 모두 갈등과 투쟁이 빚어지는 장소는 여성의 몸이며 그 몸의 욕망이 드러내는 세계에 빨간색이 자리잡고 있는 것이다. 장이모는 여성의 몸과 욕망을 통해 중국인들의 기억 속에 숨어 있는 잃어버린 빨강을 되찾고 싶었는지도 모르겠다.

붉은 꽃, 붉은 달

빨강이 에로티시즘을 담고 있으면서도 금기나 죄의식과 같은 부정적 연상을 불러일으키지 않는 경우는 없을까? 다음의 시를 읽어보자.

> 나의 아이는 무사합니다. 아름답기 그지없는 수술이었어요. 산 벚꽃잎을 열자 철쭉이, 철쭉 꽃술을 열자 붉은 목단이 뭉클거리며 피어올랐지요. 젖빛 따뜻한 달의 피가 아이의 심장으로 흐르고, 나는 해바라기를 꺾어 잔인한 물살 위에 얹어주었습니다. 노랗게 빛나는 총신이 물살을 끌어당기며 폭죽처럼 씨앗을 쏘아올리더군요. 창밖엔 능소화, 염천(炎天)을 능멸하며 핀다는 그 꽃이 제 꽃대궁 속에 두레박을 내려 길을 묻고 있었습니다. 인장(印章)처럼 붉은 달이 태양의 뒤편에서 서늘하고 뜨겁게 차오르는 밤이었습니다.

김선우 시인의 시 「꽃밭에 길을 묻다」의 한 부분이다. 그의 시에는 붉은 빛을 내는 꽃들이 지천이다. 그 꽃들의 색깔을 자세히 들여다보

「열망」, 염성순

그녀의 깊숙한 곳에는 젖빛 따뜻한 달의 피가 흐르고 있다.
붉은 꽃의 이미지로 환치된 여성적 에너지는 생명을 잉태하고 있다.

자. 붉은 빛은 흐린 분홍빛을 띤 산벚꽃에서 시작해 짙은 분홍색 철쭉으로, 철쭉에서 다시 자줏빛 목단으로 이어진다. 그 다음에 등장하는 색은 '젖빛 따뜻한 달의 피'의 색이다. 그 피 위에 해바라기의 노란색이 더해지자 주홍빛 능소화가 나타난다. 주홍 다음에는 인장의 색을 띤 붉은 달이 등장한다.

색깔만 빼내어 그려보자. 연분홍-진분홍-자주-진홍-노랑-주홍-주황이다. 연분홍에서 시작해 진홍에 이를 때까지 아이를 끄집어내는 수술이 이루어진다. 이 시간 동안에 이루어지는 색의 변화는 시인이 자신의 내부로 점점 더 깊이 들어가고 있음을 보여준다. 안으로 들어갈수록 붉음이 더 짙어지는 것이다. 그 깊숙한 곳에는 '젖빛 따뜻한 달의 피'가 흐르고 있다. 달의 피는 여성의 피다. 게다가 젖빛으로 따뜻하므로 모성을 가득 안은 피다. 그녀의 내부에는 무엇인가를 낳고 기르는 에너지가 가득 차 있고, 그것이 피로 흐르는 것이다. 그런데 아이의 심장으로 흐르는 달의 피가 잔인한 것을 보면 아이는 죽을지도 모르겠다. 그녀는 다시 노란 해바라기의 힘을 빌린다. 해바라기가 씨앗을 쏘아올렸으므로 아이는 무사하다. 해바라기는 달의 가족이 아니라 태양의 가족이다. 그리고 남성적 에너지를 지니고 있다.

해바라기의 노란색을 계기로 붉은색은 차가운 계열에서 따뜻한 계열로 바뀐다. 산벚꽃, 철쭉, 목단의 붉은 빛은 음색 계열의 붉은색이다. 한편 능소화의 주홍과 인장의 색은 양색 계열의 붉음을 띠고 있다. 한여름에 피는 능소화는 뜨거운 주홍색이므로 당연히 '염천을 능멸'한다. 시인은 노랑 해바라기의 힘으로 자신 안에 흐르는 붉은 에너지에 생명을 불어넣는다. 그럼 능소화의 주홍은 어디서 왔을까? 그것은 뜨거운 태양의 열기를 담아 인장의 색처럼 주홍으로 빛나는 달에서 왔다. 주홍은 달과 태양이 몸을 섞어서 나온 색인 것이다.

위에 인용한 시는 이 전체에서 마지막 부분에 해당한다. 시인은 시 앞부분에서 이렇게 밝히고 있다.

> 그때 나는 태백에 가는 길이었지요. 태백산 지천으로 만발한 철쭉꽃. 수혈 받으러 오라는 꽃들의 전갈을 받고 더러워진 내 피를 버리러 가는 길이었습니다.
> 외로움과 공포를 한꺼번에 알아버린 어린 짐승의 충혈된 눈이 천제단 붉은 철쭉 꽃잎 속에 웅크리고 있었습니다. 오지 마, 오지 마, 꽃대궁을 분지르며 소리쳤지요.

소녀와의 만남은 그 이듬해 여름의 여행길에 다시 이어진다. 그런데 이번에는 사내아이로 탈바꿈한다.

> 그때 그 사내아이 일렁이는 눈그림자, 사북을 지나며 본 소녀의 얼굴임을 나는 단박에 알아챌 수 있었습니다. 얘야, 해바라기를 보러 오지 않을래? 나는 아이에게 가만히 손을 내밀었지요. 원한다면 내 수술실에 와도 좋아.

시인이 수술실로 초대한 아이는 시인 내부에 있는 아이다. 그 아이는 소녀이자 사내아이고 그녀가 잉태한 그 무엇이다. 그것은 그녀 자신일 수도 있고 그녀의 시가 될 수도 있다. 또한 그녀의 삶이 될 수도 있다. 하지만 그 아이는 외로움과 공포로 웅크리고 있으며, "널어놓은 이불홑청 붉은 목단 꽃무늬가 작열하던 담벼락 끝, 깨진 벽돌 조각을 움켜쥔" 상처받은 아이다. 그녀는 수술실에서 그 아이를 죽일 수도 있었다. 수술실은 꽃들이 약속한 수혈의 장소다. 거기서 달의 피와 태양의 피가 그녀에게로 흘러든다. 그리고 달과 태양의 피를 수혈하는 것은 시인이 길에서 만난 꽃들이다. 이 장소에는 소녀가 웅크리고 있던 곳의 붉은 철쭉꽃잎과 소년이 깨진 벽돌 조각을 움켜쥐고 있던 곳의 붉은 목단이 함께 소환된다. 그리고 시인이 길에서 풍경처럼 지나쳤던 그 꽃들은 시인의 수술실에서 그녀 내부에 들어앉아 차례로 꽃잎을 열고 뭉게뭉게 피어오른다. 꽃들이 피어오르면서 그녀 안의 아이이자 시는 생명을 되찾는 것이다. 그녀 안에 있는 달 역시 "서늘하고 뜨겁게 차오르는 것"이다.

붉은색 이미지가 꽃의 이미지와 섞여 나타나는 것은 이 시뿐이 아니다. 붉은색 꽃은 다시 피의 이미지로 연결되고 그 피는 해와 달의 피로 이어진다. 그리고 붉은색-꽃-피-달의 연결은 생리혈을 연상시키면서 여성성의 이미지를 전달한다.

두 마리의 고래가 죽었습니다 어젯밤 꿈에
작살을 꽂은 채 오래도록 떠돌아온
큰고래 자궁 속에 새끼고래가 죽어 있었습니다

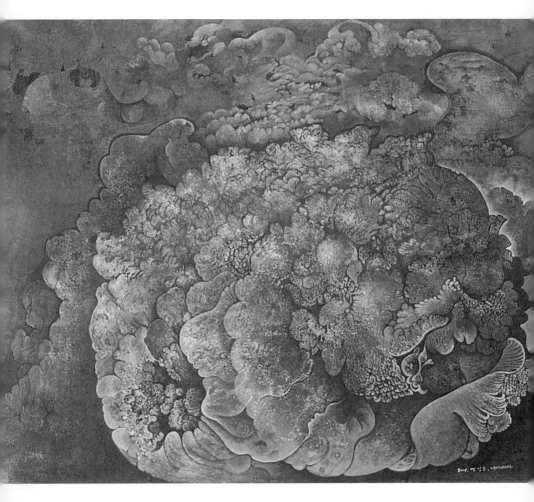

「나의 심장, 나의 모래」, 염성순

그녀의 관능을 깨우고 또 채우는 것은 우리 몸속의 바닷물인 피다.
그녀의 몸속에서 펄떡거리는 생명은 그녀 바깥의 물과 꽃에서 온 것이다.

문 틈새로 피가, 붉은 꽃송이가
놀이터와 가로수길을 적시며 흘렀습니다
　　　　　　　―「집이 서늘하다」 중에서

피는 자궁 속에서 흘러나와 꽃처럼 피어나는가 하면 그 피의 꽃잎들
이 지등을 만들어 "창에도 천장에도 등을 달"고, "물마루 위에도 지등
을" 띄운다. 빨간 피가 꽃으로, 다시 빨간색 등불로 바뀌면서 오히려
빛이나 생명의 기운을 전해주고 있는 것이다. 그녀의 시에서는 빨간색
이 여성의 성과 관련되고 에로틱하게 표현되면서도 수치심이나 죄의식
의 흔적이 없다.

꽃대에 깃드는 햇살의 감촉
해토머리 습기가 잔뿌리 간질이는
오랜 그리움이 내 젖망울 돋아나게 했습니다
얼레지의 꽃말은 바람난 여인이래
바람이 꽃대를 흔드는 줄 아니?
대궁 속의 격정이 바람을 만들어
봐, 두 다리가 풀잎처럼 눕잖니
쓰러뜨려 눕힐 상대 없이도
얼레지는 얼레지
참숯처럼 뜨거워집니다
　　　　　　　―「얼레지」 중에서

그녀는 심지어 불영산 수도암의 비로자나 부처님과 한바탕 엉기는가 하면(「벌집 속의 달마」), 운주사의 와불을 보고 "거기 일어나 앉지도 못하고 와불로 누운 남녀가 있어 출렁, 남도땅에 동해 봄바다 물밀려오네/ 참 따뜻하구나, 물 속에 잠겨 곧 피가 돌겠구나"(「雲柱에 눕다」)라고 말한다. 그녀의 시에서는 부처님도 관능으로 넘쳐난다. 그 관능을 깨우고 또 채우는 것은 우리 몸 속의 바닷물인 피다. 몸 속의 피가 바닷물로 환치되고 몸 안에 자리잡은 관능은 꽃으로 환치된다. 그녀의 몸 속에서 펄떡거리는 생명은 그녀 바깥의 물과 꽃에서 온 것이다. 그녀의 몸이 물과 꽃에서 왔듯이 생명을 가진 모든 것들이 그렇고 "붓다도 레닌도 맨발의 내 어머니도" 매한가지인 것이다. 그러므로 "처녀 하나 뜨거워져 파도와 여물게 살 좀 섞어도/ 흉되지 않으려니 싶어지더라"(「포구의 방」)라고 할 수 있는 것이다.

운주사에 누워 있는 와불에 따뜻한 피를 불어넣은 그녀는 이제 그 피가 어머니 바다를 찢고 솟구쳐오르는 태양에서 오고 있음을 본다.

> 낮꿈 밤꿈 지나 새벽꿈에 이른 나는 새끼손가락만큼 작아졌네
> 더욱 넓어진 바닷속에 누워 바라보네 동해 깊은 물, 어머니 몸속
> 어딘가 묻혀 있던 구근에서 꽃대가, 생살―물의 살을 찢고 솟구
> 쳐오르는 것을, 핏덩어리 꽃송어리―태양이 뜨는 것을
> ―「雲柱에 눕다」 중에서

그녀의 빨강은 자연 속에 있는 모든 생명의 힘과 연결되어 있다. 물

과 달과 해와 꽃은 그녀 생명의 뿌리이며 그 모든 것은 그녀 몸 속에 흐르는 피와 연결되어 있다. 그것은 생명의 뿌리이므로 수치스럽거나 죄스럽지 않은 것이다. 하지만 그렇다고 해서 밝고 명랑한 것도 아니다. 오히려 슬프고 아프다.

> 폭포처럼, 피 흘리는 머리칼
> 친구의 웃옷을 벌겋게, 치마를 물들이고
> 길바닥에 누워 해실해실 웃더랍니다
> ……
> 빨간 다알리아 꽃들이(기억나요?)
> 뭉텅뭉텅 꿈 밖으로 걸어나갑니다
> ……
> 안 보이는 상처가 나를 시들게 해
> 나는 갑자기 무서워져
> 다알리아 꽃모갱이를 꺾으며 울었습니다
> ─「헤모글로빈, 알코올, 머리칼」 중에서

빨간색으로 표상되는 그녀 안의 뜨거운 생명은 상처받아 "내 가슴에 선명한 입술자국/ 붉은 씨방을 열고 백일홍 꽃잎 떨어져내렸"(「술잔, 바람의 말」)고, "달같이 벗은 자작나무 온몸에 꽃이 돋아 꽃잎을, 하혈을, 마지막 꽃잎을, 강물처럼 쏟아내"(「어미목의 자살 2」)고 마는 것이다. 그녀 안의 꽃은 아이를, 생명을 잉태하고 싶으나 꽃은 뭉텅뭉

텅 떨어져내리고 그녀의 어머니인 자연은 하혈을 하고 죽어가는 것이다. 그래서 그녀는 자신과 어머니와 자연의 붉은 꽃을 지게 만드는 '그'를 죽이기로 한다.

> 나는 그를 죽이는 중입니다
> 잔뜩 피를 빤 선형동물, 동백이 뚝뚝 떨어지더군요 그는 떨어져
> 꿈틀대는 빨간 벌레들을 널름널름 주워먹었습니다 나는 메스를
> 더욱 깊숙이 박았지요…… 마침내 그의 흉부가 벌어지며 동백
> 꽃이 모가지째 콸콸 쏟아집니다 피 빨린 해골들도 덜걱덜걱 흘
> 러나옵니다 엄마 목에 매달린 아가 해골이 방그레 웃습니다 앉
> 은뱅이 해골이 팔다 남은 사과를 내밉니다 사과는 통째 곯았습
> 니다
> ―「만약 내 혀가 입 속에 갇혀 있길 거부한다면」 중에서

이 시에서 빨강은 꽃과 피뿐 아니라 꿈틀대는 벌레 속에도, 곯아서 썩어가는 사과 속에도 있다. 그런데 빨간색 동백꽃은 피를 잔뜩 빨아먹은 벌레. 게다가 해골은 피가 빨렸는데도 굴러나오지 않고 '흘러나온다'. 사과 역시 곯았으므로 물컹거릴 것이다. 벌레, 동백꽃, 해골, 사과 이 모든 것들이 피와 함께 흘러나오는 것이다. 게다가 그것들은 빨간색의 일족이다. 거기에는 동물과 식물의 구분도 없고 좋은 것과 나쁜 것, 산 것과 죽은 것의 구별도 없다. 모든 것들이 '그'의 흉부가 벌어지며 그 속에서 쏟아져나온 것들이다. '그'는 누구일까?

「동백꽃」(부분), 이경애

빨강은 꽃 속에, 피 속에, 꿈틀대는 벌레 속에, 곯아서 썩어가는 사과 속에도 있다.
빨강에 덧씌워진 금기와 억압을 거둬내면 빨강은 원초적인 관능을 생명 가득한 아름다움으로 보여준다.

비대해져 살갗이 몸에 맞지 않게 된 그는 쪼가리 살갗을 들고 매
일 내 방으로 옵니다 나는 그의 몸피에 새로 난 살갗을 재봉질하
지만 (언제부턴가 나는 이 일로 생계를 꾸려가지요) 그의 몸은
가속으로 거대해져 갑니다 숱한 살갗을 어디에서 벗겨 오는지
알 수 없지만 언제나 싱싱한, 피냄새가 묻어 있습니다…… 오늘
밤 나는 그를 죽일 겁니다 그는 내게 남은 마지막 진피를 원할
테지요 달콤한, 자장가를 부르며 사타구니 살갗을 벗겨내겠지요
내일이면 그는 핑크빛 합성피부를 가져와 손수 박음질해줄 겁니
다 리드미컬한, 노동요를 부르며, 나는 보너스를 받겠지요 한아
름 붉은 동백꽃도 받을지 모르겠습니다……

　그는 '나'의 진피를 벗겨가고 그 대신 합성 피부를 가져온다. 그런데
그의 몸피에 새로 난 살갗을 재봉질하는 것은 '나'이고 내게 합성 피부
를 박음질하는 것은 '그'이다. 나와 그가 한꺼번에 바느질을 하는 것이
다. 아무래도 그는 남이 아닌가 보다. 그는 '손수' 박음질을 해주며 보
너스를 주고 게다가 붉은 동백꽃까지 선물한다. 그러나 나는 그의 고
용인이고 그는 나의 주인이다. 내 진짜 살을 가져가고 가짜 살을 가져
오는 그를 나는 죽이고 싶다. 시의 마지막 부분을 보자.

　　나는 또 한번 그를 죽였습니다
　　나를 고소할 수 있는 법정은 어디에도 없습니다 내 혀는, 그의
　　입 속에, 비굴하고 착하게 갇혀 있으니까요

나는 그를 죽였지만 내 혀는 그의 입 속에 갇혀 있다. 그럼 '그'는 나로 하여금 말하게 하고 나의 말을 감싸는 그 무엇이다. 또 그를 죽인 나를 고소하는 것도 나다. 그럼 그는 더 이상 그가 아니라 내가 된다. 그가 나의 주인이 아니라 내가 그의 주인인지도 모른다. 밤마다 찾아오는 '그'는 시인 안에 자리잡고 앉아 시인의 진짜 살과 피를 가져다 가짜 살을 만드는 자의 이름이다. 그는 시인의 몸 속에 있던 빨간 것들을 모두 삼켜 몸을 불리고 핑크빛이 도는 합성 피부를 대신 박음질해 준다. 그는 그러므로 진짜 살을 가짜 살로 바꾸는 자이며, 진짜 살의 껍질을 쓰고 있으나 사실은 진짜가 아닌 자다. 시인을 밤마다 찾아온다고 했으니 '말'이 아닐까? 또는 '시'가 아닐까? 또는 시와 말이 살고 있는 거대한 상징적 질서의 세계일지도 모른다. 날로 비대해져 가는 문명적 질서일지도 모르겠다. 시인은 '그'를 죽이고 그가 먹어버린 빨강을 생생한 모습으로 되찾고 싶어하는지도 모르겠다.

김선우의 시를 끄집어낸 것은 그녀의 시가 빨강의 세계에 덧씌워진 금기와 억압을 거둬낸 것처럼 보이기 때문이다. 그녀의 시에서 빨강은

벌레의 이미지로 변형된 붉은 꽃
시인에게 붉은 꽃은 몸 속의 붉은 피를 거쳐 벌레의 이미지로 변형되기도 한다. 붉은 꽃이 동식물의 경계뿐 아니라 먹고 먹히는 경계를 넘어 근원적 생명의 이미지를 나타나는 것이다.

「999」(부분), 윤석남

오랫동안 가위 눌려 있던 여성적 생명의 세계가 굿판을 벌이듯 신명나게 소생하고 있다.
그녀들이 자신의 붉은 에너지를 드러내며 물 밖으로 나오고 있는 것이다.

관능을 발산하면서 흘러넘친다. 그리고 빨강답게 강렬하다. 그녀의 빨강은 이브-빨간 모자-백설공주-『빨간 신』의 카렌 등 모든 여주인공들의 빨강과 같은 계열에 있지만 그들 모두보다 한수 위에 있다. 그들의 빨강이 감춰져야 하는 것, 또는 잘라버려야 하는 것, 또는 태워버려야 하는 것이었다면 김선우의 빨강은 마음놓고 스스로를 드러낸다. 빨강이 금기와 억압에서 풀려나고 있는 것이다. 그래서 그녀는 "이승을 혼자 노닐다 온 여자들"을 물 속에서 불러내 굿판을 벌인다. 그 굿판에서 "바리공주 방울 흔들어 수문 열"고, "축문을 쓰고 있는 황진이 쪽찐 머리/ 가르마 따라 흰 새 날고", "난설헌이 어린 남매를 위해 소지를 사르다가/ 문득 눈을 들어 감나무를 본다." 그리고 명성황후가 내민 붉은 석류의 "석류알 새금새금 발라먹으며/세 여자 찡그려 하하하" 웃는 것이다.(「물 속의 여자들」)

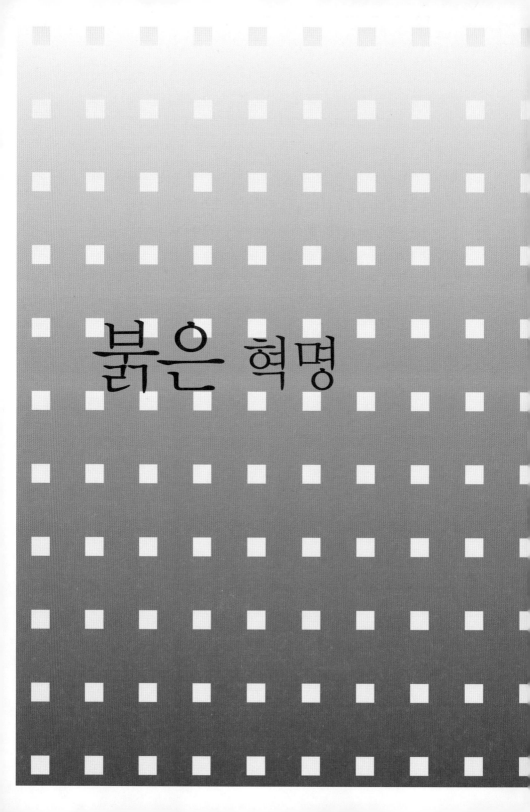

붉은 혁명

오이디푸스의 분노 · 붉은 10월 · 코카콜라와 혁명

그러나 사람들이 수백 년 동안 씹어온

부드러운 핑크빛 살점은 내 입맛에 안 맞아

오늘은 또 다른 발치에 몸을 던지리라!

나는

머리에 빨강 물을 들인

너를 노래하리라.

— 마야코프스키, 「등골의 플루트」 중에서

오이디푸스의 분노

전쟁을 색으로 표현하면 무슨 색일까? 대부분의 사람들이 서슴지 않고 '빨강'이라고 대답할 것이다. 빨강이 가져다주는 피와 불의 연상이 전쟁의 이미지와 연결되기 때문이다. 실제로 애니메이션의 전쟁 장면은 거의 다 빨간색으로 처리된다. 무기들은 사방에서 불을 내뿜고 쓰러진 사람들은 피를 흘린다. 하늘도 빨갛고 땅도 빨갛다.

미야자키 하야오 감독의 〈바람계곡의 나우시카〉에서는 아예 빨간색 괴물을 땅 속에서 끄집어낸다. 끈적끈적하게 녹아내리면서 불을 뿜는 이 괴물은 인간의 심층 의식 깊이 묻혀 있는 폭력의 욕구를 끄집어낸 것처럼 보인다. 전투를 벌이기 위해 습격해 오는 '오무'들의 눈 역시 빨갛게 변한다('오무'는 이 영화 속의 많은 캐릭터들이 그러하듯이 감독이 만들어낸 곤충이다. 평상시의 눈은 푸른색이다). 게다가 등딱지 위에 붙은 여러 개의 눈이 한꺼번에 빨간색으로 변한 채 떼로 몰려오는 장면은 그야말로 전쟁의 공포를 제대로 보여준다.

우리 눈은 대체로 몸 안에 열기가 지나치게 많아졌을 때 빨갛게 변한다. 빨갛게 변했다는 것은 달아올랐다는 뜻이다. 열기는 위로 올라가는 성질이 있으므로 지나치게 흥분하면 열기가 머리를 뜨겁게 하고 뜨거워진 머리에 달린 눈에는 핏발이 선다. 화난 눈은 빨갛다. '열 받는다'고 하지 않는가. 미야자키 하야오 감독의 다른 영화 〈모노노케 히메〉에서도 재앙신으로 나타나는 멧돼지는 분노 때문에 몸 전체가 빨간색 벌레들로 가득 찬다. 마치 핏덩어리처럼 보이는 이 벌레들은 그 몸에 닿는 것들마다 치명적인 상처를 남기고 분노마저 전이시킨다. 분노에 휩싸인 존재들은 포악하고 광폭해진다. 그래서 '빨간 눈'은 마귀의 눈이라 불렸다. 빨간 눈은 재앙을 가져오는 것이다.

그럼 붉은 머리는 어떨까? 요즘은 머리를 붉게 물들여 멋을 내기도 하지만, 붉은 머리는 오랫동안 사람들이 싫어하는 머리 색 중 하나였다. 『빨간 머리 앤』의 앤도 붉은 머리 때문에 얼마나 고심하는가. 유럽의 경우 중세에는 붉은 머리 여자를 마녀로 몰았고, 근대에는 창녀로 의심했다. 붉은 머리 남자는 다혈질에 화를 잘 내는 성격으로 여겼다.

편견은 항상 약자에게 더 강화되는 법이다. 때로는 약자에게 씌워진 오명의 이유가 강자에게는 자랑거리로 돌변하는 경우도 있다. 게르만족은 붉은 머리 남자를 호전적이라고 생각했으므로 칭송의 대상으로 떠받들기도 했다. 그들의 최고 신인 보탄은 붉은색 머리카락이며, 번개와 투쟁의 신 도나르는 붉은 수염이다. 게르만족은 전쟁에 나갈 때마다 아예 머리를 붉게 물들였다고 한다. 그러나 이런 관념도 게르만족의 신화와 민족적 정서 속에서 그럴 뿐 기독교가 들어오면서 사정이 달라졌다. 빨강 머리 남자 역시 여자처럼 악마와 관련시켰다. 예수를 배반한 유다의 머리카락도 그가 악마와 거래했을 거라고 추측하여 붉은색으로 그리곤 하니 말이다.

오이디푸스의 머리카락도 붉은색이다. 오이디푸스는 그리스 신화 속에 등장하는 인물이며, 그리스의 비극 작가 소포클레스의 비극『오이디푸스 왕』의 주인공이다. 운명의 장난으로 아버지를 죽이고 어머니와 결혼하는 죄를 짓는 인물이며, 바로 그 이유 때문에 프로이트는 그에게서 '오이디푸스 콤플렉스'라는 이름을 빌려왔다. 프로이트 때문에 자칫 잘못하면 오이디푸스가 아버지를 증오하고 어머니에게 과도한 애착을 가졌던 걸로 오해할 수도 있다. 물론 사실은 그렇지 않다. 오이디푸스의 잘못은 그가 아버지를 죽였다는 사실에서 비롯되며 그것도 스스로 분노를 다스리지 못했기 때문이다. 오이디푸스의 잘못은 성급한 분노와 오만에 있다. 신화 속에서 오이디푸스가 타는 듯한 붉은 머리 청년으로 묘사되는 것도 바로 그 점을 나타내기 위해서였을 것이다.

사람이 살아가면서 경험하는 원형적인 인물을 하늘의 별자리와 관련시켜서 연구하는 심리점성학자 리즈 그린은 오이디푸스를 양자리 유형의 원형이라고 했다. '피의 마법'에서 언급했듯이 빨간색과 연관된 별자리는 양자리와 전갈자리다. 1년 동안 태양이 지나가는 자리에 있는 12개의 별자리 중에서 가장 투쟁적인 의미를 담고 있는 별자리도 바로 이 두 별자리다. 과거 점성학자들은 12개의 별자리에 각각 수호 행성을 배치했는데, 이 두 별자리의 수호 행성은 모두 화성이다. 두 별자리와 화성과 빨강이 어떻게 연관되어 있는 것일까? 또 오이디푸스는 무슨 관계가 있을까?

화성부터 이야기해 보자. 화성은 붉은 별이다. 지표면에 철분 성분이 많아 붉게 보인다고 한다. 동양에서는 그 붉음에서 불을 보았다. 그래서 화성은 불의 별, '火星'이다. 영어 명칭은 '마르스(Mars)'다. 물론 그리스어에서 비롯되었다. 마르스는 그리스 신화에 나오는 전쟁의 신이다. 그는 성급하고 쉽게 화내며 전쟁을 좋아한다. 그는 불같은 성미를 지닌 젊은 남자 신이다. 봄을 뜻하는 'March'도 마르스에서 나왔다. 그들에게 봄의 시작은 마르스의 성격을 닮았다.

양자리는 우리 절기로 보면 춘분에서 곡우까지의 기간이다. 대략 3월 21일에서 4월 20일까지다. 과거 이집트 사람들은 양자리에서 양머리를 하고 있는 암몬 신의 형상을 보았다. 암몬 신은 남성적 생식을 주관하는 신이다. 암몬의 머리 위에 솟은 뿔 두 개는 대지를 뚫고 나오는 초봄의 새싹을 닮았고 발기한 수컷의 생식기를 닮았다. 옛 사람들은 새봄에 차갑게 언 대지를 뚫고 나오는 힘이 언 대지를 녹이는 뜨거운 기운이며 그 에너지가 동물에게는 생식력을 제공해 주는 것이라 생각했다. 절기로 보면 봄이 한 해의 시작이다. 그런데 무엇인가 새로 시작되었다는 것은 그전의 것들이 끝났다는 것을 의미한다. 그러므로 무엇인가가 새로 시작되기 위해서는 끝을 맺기 위한 과정이 있어야 한다. 소멸되는 것과 새로 생겨나는 것은 어떤 관계일까? 별자리 신화는 그것이 아버지와 아들의 관계와 같음을 말해 준다.

양자리의 테마는 무엇인가를 새로 만들어내기 위해서 기존의 것들과 벌이는 투쟁이다. 신화 속에 등장하는 '부친 살해' 이야기는 양자리의 절기적 특성을 이야기해 주기도 한다. 그리스 신화에서 제우스는 아버지 크로노스를 죽이고 신들의 왕좌를 차지한다. 크로노스 역시 아버지

「호라티우스의 맹세」, 자크 루이 다비드
마르스의 붉은 망토는 싸움에 나서는 사람에게 호전적인 힘을 가져다준다.

우라노스를 죽이고 살아남는다. 아들의 아버지 살해는 일방적인 것이 아니라 아버지가 아들을 죽이려 한다는 것에서 비롯된다. 새로 태어난 아들이 자신의 권좌를 넘볼 걸 두려워한 아버지들은 새로 태어난 자식들을 잡아먹거나 내다버린다. 그러나 신화 속 아들들이 아버지를 죽이지 않았다면 세상에 변화하는 것은 아무 것도 없었을 것이다.

그러나 아버지를 죽인 아들은 그 역시 자신의 아들을 두려워하게 마련이다. 아들 역시 아버지가 되는 것이다. 이것은 세대 교체의 드라마다. 기존의 질서는 새로 태어나는 사람들에 의해 무너지며 그들은 무너진 자리에 새로운 질서를 세우려 한다. 이것이 양자리에 숨겨진 뜻이다.

오이디푸스 역시 전형적인 양자리 인물이다. 그는 아버지를 죽이고 왕위를 이어받아 그의 왕국을 차지한다. 그런데 그는 왜 파멸하는가? 오이디푸스는 자기가 모르고 저지른 죄를 알고 나서 스스로 왕국을 버리고 황야로 떠난다. 아버지를 죽일 거라는 운명을 따른 것뿐이지만 그에게도 잘못이 있다. 바로 그가 아직 인격적으로 미성숙했다는 점이다. 그가 아버지 라이오스 왕을 죽인 것은 좁은 길에서의 만남이 발단이었다. 비좁은 길에서 맞닥뜨린 두 사내는 서로 길을 비키라고 옥신각신한다. 오이디푸스는 길을 비키라는 늙은 왕의 말에 화가 난 데다 왕이 탄 말이 오이디푸스의 발을 밟고 왕이 막대기로 오이디푸스의 머리를 내리치자 머리끝까지 화가 치밀어 늙은 왕을 죽였다. 그리고 그것으로도 화가 풀리지 않아 시체를 물어뜯기까지 했다.

양자리는 봄의 시작이므로 앞을 보고 내달릴 뿐이다. 불타오르는 것들은 불이 꺼질 때까지 탈 수밖에 없는 것이다. 다 타고 나서 아무것도 남지 않는다 하더라도 말이다(오이디푸스의 분노와 관련해 덧붙일 것이 있다. 그가 아버지를 죽이는 운명을 타고 태어난 것은 아버지의 죄 때문이다. 오이디푸스가 태어나기 전에 라이오스는 친구의 아들인 펠로프스를 강제로 욕보인 적이 있는데, 펠로프스는 수치심 때문에 자살한다. 라이오스 일가의 저주는 펠로프스가 죽으면서 내린 것이다. 오이디푸스는 아버지를 죽였지만 아버지가 지은 죄에 대한 벌도 대물림한 셈이다).

화성과 양자리, 오이디푸스 이야기 모두 투쟁의 상징으로서의 빨강 속에 내포된 의미망이다. 크고 강한 존재와 싸워 이기고자 할 때 우리는 빨강의 힘을 빌린다. 기존의 권위와 싸워야 할 때는 머리에 빨강 띠를 두르며, 그것으로도 모자라면 우리 안의 빨간 피로 혈서를 쓰기도 한다. '춘투(春鬪)'라는 말도 있지 않은가. 거리에 빨강의 외침이 울려퍼지는 때는 대체로 봄이다. 봄에 우리는 모든 보수적인 것들과 싸운다. 낡은 권위와 낡은 제도와 낡은 사상과 맞서 싸우는 것이다. 그 자리에는 언제나 빨강이 함께 한다. 봄은 또한 청년과 함께 한다. 우리 사회가 1년 내내 싸우고 있다면 우리 사회의 나이가 청년이기 때문은 아닐까?

그럼 전갈자리는 어떻게 관련되는 것일까? 전갈자리 역시 화성이 지배한다. 전갈자리 역시 투쟁의 드라마를 안고 있는 것이다. 그러나 양자리와는 투쟁의 대상이 다르다. 양자리가 아버지로 대표되는 기존 질서와의 투쟁을 의미한다면 전갈자리는 무서운 어머니로 대표되는 원초적 본능과의 투쟁을 의미한다.

붉은 별자리, 전갈자리
빨강의 별자리인 전갈자리의 화두는 우리 안에 내재된 어두운 본능과의 싸움이다.

전갈은 독을 가진 곤충이다. 아르테미스 여신이 자신의 알몸을 훔쳐본 사냥꾼 오리온을 죽이려고 지옥에서 불러냈다. 오리온의 입장에서 보았을 때 전갈과의 만남은 보지 말았어야 할 것을 본 대가라고 할 수 있다. 물론 그는 전갈과 싸워 이긴다. 오리온과 전갈의 싸움은 모든 영웅 신화 속에 들어 있는 괴물과의 싸움을 의미한다. 페르세우스는 메두사와 싸우고 헤라클레스는 히드라와 싸우며 성 게오르기우스는 용과 싸운다. 영웅이 이 괴물들과 싸우는 것은 살려내야 할 대상이 있기 때문이다. 왕자는 마법에 걸린 공주를 구하기 위해 마녀와 싸우지 않는가. 영웅이 살려내야 하는 것도 여성이며 죽여야 하는 것도 여성이다.

칼 융은 인간의 마음 깊은 곳에 숨어 있는 이 여성을 아니마라고 불렀다. 그런데 아니마는 때로 아름답게 나타나기도 하지만 추하고 공포스런 모습으로 나타나기도 한다. 공포스런 모습의 아니마는 그것을 만나는 사람의 인격을 망가뜨린다고 한다. 무서운 아니마를 만났을 때 싸워 이기지 않으면 추잡한 늪에 빠지는 것이다. 바로 성욕의 늪이다.

화성은 전갈자리에서 싸움에 힘을 부여한다. 전갈자리의 빨강은 성적 금기를 나타내는 빨강이다. 빨간 딱지가 붙은 소위 '음란물'을 만났을 때도 마음속에서 싸움이 벌어진다. 그 싸움은 부글부글 끓는 파충류의 피와도 같다. 전갈의 독은 피 속으로 소리도 없이 스며들어 정신을 몽롱하게 하며 환상을 만들어낸다. 태양이 전갈자리에 있을 때는 상강에서 소설까지다. 지상을 채웠던 열기는 땅 속으로 잦아들고 밤이 길어진다. 인간의 마음은 어둠의 세계에 발을 들여놓기 시작한다. 거기서 그는 어둠의 지배자와 마주친다.

「히드라와 싸우는 헤라클레스」, 귀도 레니

영웅은 구해내야 할 무엇인가를 위해 괴물과 싸운다. 그가 싸우는 대상은 우리 내면 깊숙이 자리잡고 있는 본능과 성욕의 세계이다. 이것이 전갈자리의 빨강이 의미하는 바다.

화성과 함께 전갈자리를 지배하는 별은 명왕성, 지하 세계의 왕이다. 우리 마음은 어둠과 싸우기 시작한다. 그 어둠이 분석심리학자들이 말하는 무의식이다. 프로이트는 그 어둠을 죽음에 대한 욕망과 뒤얽힌 성욕이라고 보았고 칼 융은 집단 무의식 속에 자리잡은 무서운 어머니와의 만남이라고 보았다.

영화 한편 보자. 멕시코 감독 악셀 조도로프스키가 만든 〈성스러운 피〉는 전형적으로 무서운 어머니의 세계와 싸우는 남자 주인공을 다룬 영화다. 영화 속에서 어머니는 강간당해 팔이 잘려 죽은 소녀를 수호 성인으로 모시는 교회의 사제다. 그녀는 빨간색 사제복을 입고 빨간 피가 가득 담긴 풀에서 세례를 한다. 주인공 피닉스는 소년 시절 어머니의 죽음을 목격하고 정신 이상이 되어버린다. 어머니는 아버지에게 두 팔이 잘려 살해되는데, 아버지의 외도 장면을 목격한 어머니가 아버지를 죽이려 했기 때문이다.

어른이 된 피닉스는 어느 날 정신 병원으로 찾아온 어머니의 망령에 사로잡혀 어머니의 명령에 따라 움직인다. 그가 여자를 만나 성적 욕망을 느낄 때마다 어머니가 나타나 명령한다. "저년을 죽여라!" 그는 여러 명의 여자를 살해하지만 그때마다 그의 팔은 공중에서 부들거린다. 죽이면 안 된다는 자기 자신의 명령과 죽이라는 어머니의 명령이 싸우는 것이다.

그는 어머니와의 무서운 싸움에서 번번이 패배한다. 이 싸움에서 피닉스를 구원하는 것은 순결한 소녀 알마다. 그녀는 피닉스의 소년 시절 단짝이었으며 피닉스의 마음속에 영원히 오염되지 않은 소녀로 남

볼셰비키 선전 포스터
소비에트에서 볼셰비키의 투쟁은 용과 싸우는 성인 게오르기우스의
모습으로 그려지기도 했다. 용과 싸우든 이데올로기와 싸우든 기존의
권위와 싸우든 빨강은 투쟁하는 이들의 편이다.

아 있다. 그녀는 늘 얼굴을 하얗게 화장하고 나타나는데, 오랜 세월이
흘러 어른이 되어 다시 만났을 때 피닉스가 알마를 알아볼 수 있었던
것도 그 하얀 얼굴 덕분이다. 이 영화 속에서의 빨강과 하양의 대조는
전갈자리의 테마인 무서운 어머니와 구원의 여신 사이의 대립 구도를
나타낸다. 이때 빨강은 우리 존재의 근본이지만 그 전모를 이해하지는

못하는 성의 영역을 나타낸다. 우리가 아름답다고 생각하는 성은 빨강이 아니라 하양인 것이다. 그러나 하양 속에 숨겨진 빨강이 언제 하양을 뚫고 고개를 들지 어찌 알겠는가. 우리는 무방비 상태다.

투쟁과 전투의 신인 마르스는 그림 속에서 빨간색 망토를 입은 모습으로 등장한다. 그의 망토가 휘날리는 곳에서는 피가 끓고 숨이 가빠진다. 그리고 누군가가 상처를 입고 쓰러지며 누군가는 죽어간다. 그러나 싸움은 불가피한 것이다. 외부의 대상과 싸우든 내면의 대상과 싸우든 말이다. 그러면 어떻게 싸우는 것이 좋을까. 마르스의 빨강 망토가 축제의 깃발처럼 휘날리는 곳이 있다. 바로 스페인의 투우장이다.

투우는 알다시피 사람이 소와 싸우는 경기다. 그런데 그것은 우리가 생각하는 스포츠가 아니다. 투우는 아무 때나 행해지지 않는다. 3월 발렌시아의 불의 축제를 시작으로 10월초 사라고사의 피랄 축제가 끝날 때까지 매주 일요일에만 열린다. 또 하루 중 해가 지면서 원형 경기장에 빛과 그림자가 절반씩 나타날 때 치른다. 투우는 경기이기 이전에 옛날부터 전해져 내려오는 희생제의기 때문이다.

투우에서 가장 인상적인 것은 투우사가 흔드는 '물레타(muleta)', 즉 빨간색 천이다. 물레타 안에는 긴 칼이 숨겨져 있고 그 긴 칼을 깃대 삼아 투우사는 빨간색 천으로 들소를 희롱한다. 이 긴 칼의 주인공을 '마타도르(matador)'라고 부른다. 그는 소를 죽여야 하는 인물이다. 투우에는 마타도르 말고도 여러 명의 투우사가 등장한다. 맨 처음 나와 조그만 빨간색 천인 '카포테(capote)'를 흔들어 소를 화나게 하는 부를라데로(burladero)가 있고, 트럼펫 소리와 함께 그가 퇴장하면 기다란 창을 들고 나와 소의 등을 찔러 피를 흘리게 만드는 반데리에로(banderillero)가 있다. 또 이들의 퇴장 뒤에 말을 타고 나와 또다시 소에게 창을 찌르는 피카도르(picador)가 있다. 피카도르를 태운 말이 경기장을 돌 때면 소는 고통과 분노에 미쳐 날뛰고 투우장은 함성과 열기로 가득 찬다. 마지막으로 등장하는 것이 마타도르다. 마타도르는 태양빛을 받아 금빛으로 번쩍거리는 장식이 달린 전통 의상을 입고 빨간 천을 휘감은 긴 칼을 들고 나와 소와 한판 대결을 벌인다. 그는 절대로 소를 금방 죽이지 않는다. 그는 반드시 소를 죽여야 하고 그렇지 않으면 소가 그를 죽일 테지만 소를 죽이는 것만이 그의 목적은 아니기 때문이다.

마타도르는 소와 유희를 벌여야 한다. 마타도르의 등장과 함께 관객의 눈을 끄는 것은 빨간색 천 물레타다. 물레타는 소를 흥분시키기 위한 것이 아니라 관객을 흥분시키기 위한 것이다. 소는 이전에 등장한 투우사들의 감질나는 공격 때문에 이미 흥분하여 날뛰는 상태고, 미쳐 날뛰는 소의 흥분을 전달해 주는 것이 물레타다. 마타도르가 춤추는 듯한 동작으로 소와의 유희를 마치고 소의 급소에 칼을 내리꽂는 순간 투우는 절정에 이른다.

이들이 벌이는 소와의 대결은 원시 시대 들소와의 싸움을 연상케 한다. 알타미라와 라스코의 동굴에 붉은 들소를 그려놓았던 사람들의 후예가 그 추억을 대물림하고 있는 것이다. 어두운 동굴의 벽은 밝은 원형 경기장으로 바뀌고 벽 위에 그려졌던 들소는 이제 살아서 펄펄 뛰는 스페인 소로 바뀌었다. 원시 인류가 그림 속에 소를 그리고 그 소의 몸

붉은 악마의 함성

2002년 월드컵은 우리 사회가 레드 콤플렉스에서 벗어나 비로소 빨강의 힘을 만끽하게 된 사건이었다.
그 이후 우리 사회에 빨강은 도처에 넘쳐 흐르고 그 에너지를 마음껏 발산하게 되었다.

을 창으로 찌르면서 자연 속의 동물적 생명력과 교감했다면 투우장에 모여 소와 대결을 벌이고 그에 열광하는 관중 역시 평상시에 잊고 있었던 자신 안의 원시적 생명력과 교감하는 것이다. 마타도르가 흔드는 물레타는 우리 안에 있는 그 빨강의 세계를 불러내기 위한 것이다.

투우는 경기이기 전에 희생제의다. 소를 제물로 바쳐 신에게 제사를 지냄으로써 인간의 안녕을 기원하는 것이다. 스페인 소는 공격적이고 사납다. 소는 인간 안에 숨겨진 제어되지 않은 공격성과 폭력성을 상징한다. 소와 인간의 싸움은 다시 말해 인간 자신 안에 있는 길들여지지 않은 동물과의 싸움을 상징하기도 한다. 그리고 그것은 인간 안에 있는 빛과 그림자의 싸움이기도 하다. 태양의 날인 일요일, 경기장에 빛과 그림자가 절반씩 차지하는 오후에 사람들은 자기 자신 안의 소와 만나는 것이다.

이 세상이 빛과 어둠의 씨줄 날줄로 짜여져 있듯이 인간도 마찬가지다. 인간 안에 있는 소는 뜨거운 피의 열기다. 그것은 인간에게 생명을 주기도 하지만 인간을 태워버리기도 한다. 소가 죽으면 경기는 끝난다. 마타도르가 죽어도 마찬가지다. 둘 중에 하나가 죽을 때까지 그들은 빨간색 물레타를 흔들며 춤을 추어야 하고 어느 쪽이 되었든 하나가 죽으면 게임은 끝난다. 그 순간 둘 다 퇴장해야 한다. 그러므로 소와의 싸움은 살아 있는 한 불가피하다. 그들은 그 불가피한 결투를 춤과 같은 유희로, 축제로 바꿔놓은 것이다. 살아 있다는 것은 우리 안에 빨강이 꿈틀대는 것이다. 삶은 빨강의 춤이자 빨강의 축제다.

붉은 10월

빨강은 무엇보다도 혁명의 색이다. 무엇인가를 바꾸려는 사람들, 모두가 당연하다고 믿는 것들에 강한 이의를 제기하는 사람들은 빨강의 힘을 빌릴 수밖에 없다.

빨강은 아주 멀리서도 눈에 띄며 우리 눈을 강하게 자극하므로 소리로 치면 크고 우렁찬 소리일 것이다. 빨강은 결코 얌전하지도 조용하지도 않다. 그것은 능동적이며 적극적이다. 그 파장은 빛처럼 멀리 퍼지고 불처럼 역동적이며 피처럼 솟구친다. 그러므로 빨간색을 통해 공표되는 생각은 순식간에 강하고 직선적으로 우리 앞에 당도한다. 그것은 때로 우리를 공격한다. 빨강이 될 것인가, 아니면 빨강과 싸울 것인가. 다른 선택은 없다. 빨간색은 결코 무시될 수 없는 색이고 애매한 색도 아니기 때문이다. 그것은 명료함을 요구한다.

오랫동안 냉전 시대를 경험했고 이념 전쟁의 기억을 지니고 있는 우리에게 빨간색은 결코 편한 색이 아니다. '레드 콤플렉스'의 망령에 너무 오랫동안 시달렸기 때문이다. 어린 시절 기억 속에 '빨갱이'는 날카로운 이빨을 드러내고 으르렁거리는 늑대였으며, 뿔 달린 악마였다.

「연설대의 레닌」, 알렉산더 게라시모프

스탈린 정권은 '호모 소비에티쿠스'라는 새로운 인간 유형을 만들어내고 그것을 선전하기 위해 소위
빨강 '삐라'들을 제작했다. 빨강의 선동에 따르는 것은 역사를 진보시키는 것과 동일한 의미였다.

로마의 권력자들은 오랫동안 빨강을 독점하려 했지만 우리나라의 권력자들은 빨강을 악의 진원으로 몰아 영원한 적으로 만들려 했다. 빨강은 삼팔선 이북의 색이며 대륙을 거슬러올라가 '중국'과 '소련'의 색이었다. 그곳은 한때 금기의 땅이며 생각해서도 언급되어서도 안 되는 땅, 이른바 '적국'이었다. 물론 지나간 옛날 이야기지만 말이다. 옛날은 흘러갔고 빨강은 콤플렉스에서 풀려나고 있다. 이제 빨강이 왜 우리의 색이 아닌 '그들'의 색이었는지 이야기해 보자.

1923년 소비에트 정부는 빨간색 바탕에 낫과 망치와 오각 별을 그려 넣은 깃발을 소비에트 연방의 공식 국기로 결정했다. 국영 신문《프라우다》와 국영 항공 아에로프로트도 같은 심벌을 사용하기로 결정했다. 낫은 농민을, 망치는 프롤레타리아를, 오각 별은 다섯 대륙 전 인민의 단결을 의미한다. 빨간색 바탕은 물론 '사회주의 혁명'을 상징한다.

빨간색이 '사회주의 혁명'의 상징으로 자리잡은 것은 그보다 훨씬 전이다. 그리고 발단은 소비에트 연방이 아닌 프랑스에서 일어났다. 프랑스 대혁명이 일어나고 2년 후인 1791년 7월 17일 대혁명을 기념하는 '혁명의 날'에 망명하려 했던 왕이 붙잡혀 파리로 송환되었다. 광장에 모여 왕의 폐위를 부르짖던 군중들은 흥분하기 시작했고 폭동을 우려한 파리 시장은 붉은 기를 올리라고 명령했다.

당시에 붉은 기는 혁명의 상징이 아니라 공권력의 개입을 알리는 경고의 신호였다고 한다. 그런데 붉은 기가 올라가자 경찰이 아무런 경고도 없이 총을 쏘아버린 것이다. 이 사고로 50여 명이 희생되었고 피로 물든 붉은 기는 그 이후 억압받는 민중, 폭압에 대항하는 민중을 상징하는 깃발이 되었다. 1848년 2월 혁명에는 파리 시청 앞에 수많은 붉은 깃발들이 휘날렸으며 이후 붉은 깃발은 마르크스가 최초의 프롤레타리아 정권으로 불렀던 '파리 코뮌'의 상징, 사회주의 혁명의 상징이 되었다.

1917년 러시아에서는 레닌의 10월 혁명 성공과 함께 '차르'로 대표되는 로마노프 왕조가 물러나고 러시아는 공산주의 국가로 거듭났다. 1923년 공식적으로 발표된 소비에트 국기는 혁명 1년 후 1918년 붉은 광장에서 열렸던 노동절 기념 행사에 처음으로 등장했다. 붉은 기가 이제 본격적으로 사회주의 혁명의 색으로 자리잡는 순간이었다. 그 이후 붉은 기는 중화인민공화국에서는 '홍기'로, 북한, 즉 조선민주주의인민공화국에서는 '인공기'로, 이제는 공산주의적 연대를 상징하는 깃발로 자리잡았다.

90년대 이후 북한에서는 '붉은 기' 사상을 드높이자는 구호를 부르짖는다고 한다. 진정한 혁명가는 "붉은 기 앞에서 맹세한 대로 혁명의 정신을 인생의 모든 행로에 걸쳐 지키고 그를 위해 싸워야 한다"고 말이다. 빨간색 깃발이 그야말로 공산주의 이념의 표지로 작용하고 있는 것이다.

레닌의 나라에 대해 더 이야기해 보자. 그들의 군대는 붉은 군대이며, 혁명 기념일 행사는 붉은 광장에서 열렸다. 10월 혁명 당시 러시아 혁명의 현장을 함께 했던 시인 마야코프스키는 「150,000,000」(1919)이라는 시에 이렇게 썼다.

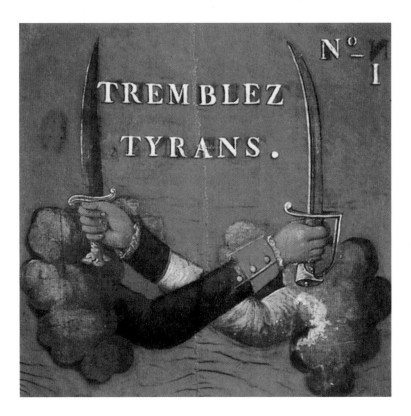

프랑스 혁명 당시 적색기(복원)

적색기가 사회주의 혁명의 상징으로 자리잡은 때는 프랑스 혁명 이후다. 그러나 당시 적색기는
혁명이 아니라 공권력의 개입을 알리는 신호였다.

갑자기

　모든 중도파가 전멸되었다.

지상에 중용이란 하나도 안 남았다.

피처럼 붉은색과

　　흰색 말고는

아무 색도

　아무 빛도

　　아무 잔영도

　　　안 남았다.

붉은색은 더욱 붉어지고

흰색은 더욱 희어졌다.

이반은

　지상에 불의 제전을 거행하며

　　　　피에 잠긴

왕국을 지나간다.

　이 시에서 붉은색은 혁명군인 붉은 군대를 의미한다. 흰색은 마지막 차르였던 이반의 군대다. 비슷한 시기 러시아의 화가 엘 리시츠키는 「붉은 쐐기로 흰색을 쳐라」(1919)라는 포스터를 제작했다. 이때 흰색은 차르의 세계, 전통과 보수의 세계, 부르주아적 질서의 세계를 뜻한다. 붉은색은 그렇다 치고 흰색은 대체 왜 부르주아의 색이 된 것일까? 이것 역시 프랑스 대혁명에서 유래되었다. 1789년 10월 베르사이유

「붉은 쐐기로 흰색을 쳐라」, 엘 리시츠키

빨간색이 볼셰비키의 붉은 군대를 의미한다면 흰색은 부르주아적 질서를 나타낸다.

궁전에서 열린 연회에서 국왕의 근위대들이 바스티유 함락의 상징이 된 삼색기를 짓밟는 사건이 발생했다. 그들은 삼색기를 짓밟고 왕의 상징인 백색 휘장을 달았다. 그 이후 백색은 반혁명주의자들의 상징이 되었다. 그 때문에 소비에트에서 흰색의 세계는 붉은색으로 무너뜨려야 하는 세계가 된 것이다.

빨강과 하양의 대립은 당시에 새롭게 등장하기 시작한 예술적 움직임을 평가하는 데도 사용되었다. 당시에 러시아에 새롭게 등장한 예술 사조들 중에는 미래주의와 구성주의, 절대주의 등이 있었다. 모두 새롭다는 점에서 아방가르드다.

그러나 이 모든 사조가 아방가르드로 평가되었던 것은 아니다. 이 중에서 미래주의와 구성주의만이 아방가르드로 취급되었는데, 그 이유는 절대주의가 너무나 정신적이고 관념적이라는 이유에서였다. 절대주의는 카시미르 말레비치의 사상이다. 그는 이전까지의 서구 회화의 역사는 검정색과 흰색으로 압축된다고 선언했다. 그는 그래서 일련의 검은 그림들을 그리기 시작했고 그의 작업실을 갖가지 검정색 표지들이 그려진 캔버스로 가득 채웠다. 그 검정색 표지들은 때로 러시아 정교의 십자가를 연상케 했고 실제로 말레비치의 그림들은 침묵의 느낌을 준다는 점에서 정교적이기도 했다.

반면 미래주의와 구성주의는 그들의 기계 예찬과 미래지향성으로 인해 높은 평가를 받았다. 미래주의는 당시에 새롭게 등장한 기계적 산물들과 그 기계들이 뿜어내는 속도감을 예찬했던 사람들의 움직임이다. 이들은 과거의 모든 전통을 쓸어내고 새로운 세계를 건설해야 하고, 예술가는 그러한 임무를 이루는 데 실천적 역할을 담당해야 하는 존재라고 외쳤다. 그래서 러시아 미래주의자들은 시위 현장에, 혁명의 현장에, 거리에 있었다.

한편 구성주의는 조형 예술을 중심으로 이루어졌는데, 그들이 보기에 새로운 시대의 예술의 임무는 더 이상 장식용이나 관람용 작품을 제작하는 일이 아니었다. 예술은 삶의 현장에 있어야 하며 유용한 것이어야 했다. 그래서 그들은 예술이 건물을 짓는 장소에, 벽을 칠하는 장소에 있어야 한다고 생각했다. 이들 두 집단은 당시의 혁명적 분위기에 잘 들어맞을 수밖에 없었다. 그러므로 빨강은 당연히 그들의 몫이었다. 보리스 그로이스는 『아방가르드와 현대성』이라는 책에서 말레비치를 '백색 인류'로, 구성주의와 미래주의의 '예술-기계-삶'의 연계를 '붉은 선동'으로 규정했다. 그들에게 빨강은 진보와 미래를 나타내는 색이었던 것이다.

레닌이 죽고 스탈린이 집권하면서 소위 '삐라'가 제작되었다. 스탈린 정권은 '호모 소비에티쿠스'라는 소비에트적 인간 유형을 창조해내고 이것을 널리 퍼뜨려야만 했다. '호모 소비에티쿠스'는 아이러니하게도 니체의 초인의 냄새를 물씬 풍긴다. 그는 초인과 같은 영웅주의적 의식을 지녀야 하고 새로운 사회를 건설하는 데 강한 신념과 그에 걸맞은 노력으로 무장된 인간이어야 했다. 그리고 무엇보다도 무신론자여야 했다. 물론 개인적 욕망과 자유의 추구, 나태와 이기주의는 가장 추악한 부르주아적 악덕으로 규정되었다. 그런 인간들은 '하얀 인간들'인 것이다. 이 하얀 인간들에 맞서 싸우는 새로운 인간 유형을 만들어내기 위해 동원된 시각적 장치가 바로 '뻬라'라고 불리는 선전선 동용 포스터였다. '뻬라'는 디자인이 단순해야 했다. 복잡한 형태들과 이미지들은 되도록 생략하고 알려야 할 중요한 부분은 강조해야 했다. 이것은 '뻬라'뿐 아니라 초기 대중 선전용 포스터의 일반론이기도 하다. 물론 색은 원색을 주로 사용해야 하는데, 그 중에서 두드러지는 것은 당연히 '빨강'이었다. 집단 농장에서의 생활, 붉은 군대와 레닌의 모습을 담은 빨강이 거리에 넘쳐났다. 그들은 빨강의 임무를 완수해야 했던 것이다. 이러한 선전 방식이 주변 '적국'들까지 번진 것은 말할 것도 없다.

그런데 러시아에서 빨강이 반드시 혁명의 색이기만 했던 것은 아니다. 러시아어로 빨갛다는 뜻의 '크라스니(krasny)'는 '아름다운', '중요한'이라는 뜻도 함께 가지고 있다. 그들은 벽난로인 페치카와 대각선으로 마주 보이는 곳을 '아름다운 구석', '붉은 구석'이라고 부른다. 또 페치카의 자리가 여주인의 자리라면 이곳은 남자 주인의 자리다. 이곳은 예전부터 신성한 공간으로 모셔졌고 여기에 그들의 성화인 이콘을 걸어놓았다. 러시아 사람들에게 빨갛다는 것은 그들이 모셔야 되는 무엇이고 이 세상의 주인이며 중요하고 또 아름다운 것이다. 붉은 광장은 아름다운 광장이며 신성한 광장이다. 빨간색으로 표시되는 혁명 역시 신성하다.

그렇다면 이렇게 생각해 볼 수도 있지 않을까? 빨강의 의미는 소비에트 지배 이데올로기에 의해 독점된 것이라고. 그들은 빨강을 독점함으로써 혁명을 성공시켰을 뿐만 아니라 관료주의 정권의 힘을 강화했으

러시아의 혁명적인 포스터

러시아 혁명 당시 빨강은 아방가르드 정신인 진보와 미래를 나타내는 색으로 자리매김되기도 했다.

소비에트 징병 포스터

러시아 혁명의 성공과 함께 빨간색은 사회주의와 공산주의를
대표하는 색이 되어버렸다.

며 거꾸로 빨강의 의미를 '혁명'이라는 하나의 의미로 집중시켜 의미를 변형시켜 버린 셈이다. 그리고 그 이데올로기에 적대적이었던 우리는 그 덕분에 오히려 빨강을 빼앗긴 셈이 된다. 그러므로 빨강을 감싸고 있던 이데올로기에서 빨강이 놓여나는 순간 빨강은 다시 우리에게 돌아온다. 그런데 빨강을 이데올로기에서 해방시킨 것은 아이러니하게도 자본의 힘이었다. 자본주의를 받아들인 모스크바 시내에는 레닌의 초상화와 코카콜라 마크가 함께 인쇄된 빨간색 광고판이 버젓이 펼쳐져 있다. 우리는 또 어떠한가. 빨간색 띠로 감싸인 체 게바라의 평전이 베스트셀러가 되고 우리는 그것을 읽으면서 자본주의를 향유한다. 마르크스가 말한 것처럼 모든 견고한 것들이 전부 다 녹아내리고 있는 것이다.

'레드 콤플렉스'는 미국 극우주의 생산물이다. 소위 매카시즘이라 불리는 공산주의자 선별과 추방의 열풍이 만들어낸 질환이며 징후다. 미국을 우리 편이라고 생각했던 때 우리 사회가 그 열풍의 세례를 어찌 피해 갈 수 있었을까. 냉전 시대 우리 사회에서 빨간 딱지가 붙는 것은 무시무시한 일이었다. 그것은 다른 어떤 죄목보다도 무거운 것이었으며 어떤 변명으로도 헤어나올 수 없었다. 물론 지금도 그 망령을 추억하는 자들이 있지만 말이다.

냉전 시대에 빨강을 막는 부적은 파랑이었다. 빨강이 '저쪽'이라면 파랑은 '이쪽'이었다. 우연치 않게도 태극기의 태극 색깔마저 위는 빨갛고 아래는 파란 바람에 빨강 대 파랑의 대립 구도는 고착과 강화의 길을 걸었다.

레닌 초상이 함께 그려진 코카콜라 광고
레드 콤플렉스가 사라진 자리에 빨강은 욕망과 소비의 기호로 등장한다.
이제 빨강은 욕망의 해방을 위한 혁명의 표지처럼 사용되고 있다.

　　그러나 빨강과 파랑의 대립과 빨강의 타자화 역시 미국 따라하기의
혐의가 짙다. 그들은 유난히 파랑을 좋아한다. 그들은 청교도의 나라
이며 블루진의 나라다. 파랑은 그들에게 개척 정신을 의미하며 그것은
그들이 남의 땅에 자신들의 나라를 세울 수 있었던 파랑의 이데올로기
였다. 그들은 하늘과 바다의 색을 그들의 색으로 독점한 것이다. 미국
의 정치인들은 푸른 셔츠를 즐겨 입으며 파랑색 휘장 앞에서 연설하고
인터뷰를 한다. 반면 중국과 소련과 북한의 정치인들은 붉은 휘장 앞
에서 연설하며 광장을 온통 빨갛게 물들이는 매스 게임을 좋아한다.
그렇다면 우리는 파랑인가, 빨강인가.

2002년 월드컵의 꽃은 단연 '붉은 악마'였다. 온통 빨간색 옷을 입은 일련의 군중이 정말 가열차게 해대는 응원은 상대편 선수들의 혼을 빼놓을 정도였다. 물론 그만큼 우리 편은 힘을 받았을 것이다. 붉은 악마의 빨간색은 머리를 빨갛게 물들이고 전쟁에 나갔다는 고대 게르만족을 떠올리게 하기도 하고 또 전쟁에 붉은 망토를 입고 나갔다는 고대 로마인들을 떠올리게 하기도 한다. 축구 경기 역시 하나의 싸움이므로 빨간색 전투복은 괜찮은 선택이다.

빨강을 걸치는 자는 빨강의 힘을 얻으며 그렇기 때문에 상대는 기가 죽기 쉽다. 이런저런 이유를 다 차치하더라도 붉은 악마의 빨강은 우리 사회에 일종의 동종요법적인 치료를 했다는 점에서 높이 살 만하다. 빨강에 놀란 자, 빨강으로 치료하라. 상처가 나서 피가 흐르는 부위에는 빨간 약이 최고다. 붉은 악마 덕분에 우리는 오랜 빨강의 주술에서 풀려날 수 있었다. 정확히 말하면 빨강에 접근할 수 없게 빨강을 봉인해 버린 주술에서 풀려난 것이다. 빨강의 힘으로. 물론 2002년 월드컵에서 한국 선수들이 참패를 했더라면 빨강은 더 단단히 봉인되었을 수도 있다. 하지만 그러기에는 빨강의 힘이 너무 강했다.

그 이후 우리 사회에는 빨간색이 봇물 터지듯 넘쳐난다. 빨간색 넥타이를 맨 뉴스 앵커가 등장하는가 싶더니 곧이어 정치인들도 가세했다. 그 겨울에는 빨간색 코트가 유행했고 최근에는 금기를 깨고 금융 광고에도 빨간색이 등장하기 시작했다. 빨간색 냉장고와 빨간색 에어컨, 빨간색 김치냉장고에 빨간색 노트북까지, 그야말로 빨강이 활개를 친다.

빨강이 넘쳐나면 무엇인가 분명히 변화한다. 빨강은 어찌되었든 변혁을 바라는 사람들의 색이기 때문이다. 우리 앞에는 어떤 변화가 기다리고 있을까.

코카콜라와 혁명

빨강은 사람을 가로막는 색이다. 우리는 빨강을 무시할 수 없다. 빨강 앞에서 우뚝 서거나, 빨강에 홀리거나, 빨강에 밀리거나, 그도 아니면 빨강의 세계에 들어가 스스로 빨강이 되어야 한다. 이 말은 누군가를 우뚝 세우고 싶거나, 누군가를 홀리고 싶거나, 누군가를 밀쳐내고 싶거나, 누군가를 자신의 편으로 끌어들이고 싶다면 빨강을 이용하라는 의미도 된다. 빨강의 동종요법을 기억하라. 빨강은 빨강으로! 무엇이 되었든 원하는 것을 얻으려면 빨강의 마법을 쓰는 것이 좋다. 빨강과 가까이 하면 적극적으로 행동한다. 단, 그다지 오래 가지는 않을 것이다. 빨강은 맹렬하게 불타오르고 금방 소진되므로.

우리가 일상 생활 속에서 걸리기 쉬운 빨강의 마법 몇 가지가 있다. 빨간색 딱지가 붙은 코카콜라의 마법, 빨간색 간판이나 빨간색 글자의 마법, 또는 빨간색 인테리어를 한 패스트푸드점의 마법, 토마토 케첩과 고추장의 마법, 빨강 신호등과 소방차의 마법, 그리고 산타클로스와 크리스마스의 마법⋯⋯. 주변을 둘러보자. 그 숫자가 무한할 것이다. 빨강의 마법적 효험의 낌새를 알아챈 간판업자들이 앞다투어 커다

코카콜라 공급기와
1969년 발렌타인 타자기

빨간색 디자인은 우리를 적극적
으로 소비하게 하는 마법적 힘을 가지고
있다. 자본주의적 욕망은 빨간색을 타고 전파된다.

란 빨강 글씨의 간판들을 제작해 내는 바람에 한때 신도시의 새로 생긴 건물 벽은 온통 빨간 글씨로 가득 찬 적도 있었다. 얼마 가지 않아 빨강의 효험이 시들해지자 비로소 다른 색 간판들이 등장하기 시작했지만 말이다.

빨강의 마법적 효과를 이용해 가장 많은 돈을 번 회사는 코카콜라일 것이다. 하루에 지구 전체에 팔려나가는 코카콜라의 양이 10억 잔이며 이것은 10초에 12만 명 꼴로 코카콜라를 마셔대는 셈이라고 한다. 또한 코카콜라가 태어난 1886년부터 지금까지 한 번도 변한 적이 없는 코카콜라 상표의 브랜드 가치는 우리 돈으로 무려 31조 원이라고 한다. 코카나무의 코카인과 콜라나무잎의 카페인을 추출해 소다와 섞어 만들었다는, 달콤하면서도 톡 쏘는 이 음료는 태어난 지 100년이 넘은 세계적 베스트셀러인 셈이다. 한때 마약 성분이 있다는 이유로 판매에 이의를 제기하는 사람들이 생기자 코카인 성분을 제거했다고 하지만 많은 사람들이 콜라중독증 환자처럼 콜라를 들이키고 있는 것만은 틀림없다. 빨간색 바탕에 하얀색 글씨로 흘려쓴 로고는 100년 넘게 변하지 않고 그대로 사용되고 있다. 그렇게 오랫동안 변하지 않은 채로 많은 사람들이 기억하고 소비한다는 것만으로도 '명작'의 칭호를 받아 마땅하리라.

코카콜라의 빨간색 라벨은 빨강 속에 숨겨져 있는 여러 가지 이미지들이 혼재되어 그 마법적 힘을 배가시키는 경우다. 우선 약의 이미지다. 코카콜라는 처음에 소다에 여러 가지 약재를 넣은 소화제의 일종이었다고 하니 아마 우리나라의 활명수쯤 되었을 것이다. 약은 먹는 음식이지만 일반적인 음식과는 다르다. 따라서 약은 음식이면서 음식이 아니다. 그리고 약이란 고통을 덜어주는 역할을 한다. 어떤 약은 고통을 덜어주는 것에서 나아가 쾌락을 가져다주기도 한다. 약의 효능이 지나쳐서 효능에 홀리면 약에 중독되는 것이다. 약은 음식이자 음식이 아니므로 다른 음식과는 구별되어야 한다. 그러므로 구별될 수 있는 표지로 빨강은 적절하다. 또 그것은 과용하면 위험하므로 위험의 표지로도 빨강은 적절하다. 그런데 그것은 과용을 유발하기 쉽다. 먹고 나면 기분이 좋아지니까. 그것은 금지된 쾌락의 표시로서 빨간색으로 표시되는 것이 적절하다. 뿐만 아니라 빨간색은 힘차고 강한 색이며 태양의 색이며 피의 색이다. 그리고 금단의 과일의 색이기도 하다. 사실 태양과 피와 금단의 과일은 모두 원초적인 '약'이기도 하다.

자, 이만하면 빨간색 라벨의 콜라가 얼마나 유혹적인지 짐작할 수 있을 것이다. 게다가 그 유혹의 힘을 증폭시키는 것은 타이트한 웃옷에 둥글게 퍼지는 주름 스커트를 입은 여성의 몸을 보고 만들었다는 콜라병이다. 빨간색 라벨이 붙은 병을 손에 움켜쥐고 입안에 콸콸 쏟아넣는 모습을 떠올려보자. 금지된 과일을 먹는 기분일 것이다. 그것은 자연 속에 존재하지 않는 천상의 맛이다. 마지막으로 병모양에 덧붙여 '코카콜라'라고 흘려쓴 글씨는 이 디자인의 화룡점정이다. 그 흰색 글자들은 이렇게 환상적인 음료수가 알코올이나 마약 같은 칙칙한 밤의 음료가 아니라 환한 대낮에 스포츠를 즐기며 마시는 건전한 음료수라고 안심까지 시키고 있는 것이다. 스스로를 파랑으로 여겼던 미국인들은 이 빨간색 라벨의 음료수를 마시며 그들의 '건전한' 이데올로기를

루트마스터 버스의 외관

우리는 도처에서 큰 소리로 외치는 빨강의 메시지에 둘러싸여 있다.
빨강은 우리를 멈추게 하기도 하고 우리를 끌고 가기도 한다.

스포츠적 '건강함'이 넘치는 쾌락과 함께 전세계에 전파했다.

　코카콜라의 빨간색 라벨과 한 쌍을 이루며 전세계에 퍼진 것이 또 하나 있다. 바로 빨간색 크리스마스다. 크리스마스에는 거리에 빨강이 넘친다. 12월 잡지를 들춰보면 빨간색 선물 보따리와 빨간색 포인세티아, 빨간색 옷차림과 빨간색 인테리어가 한가득이다. 아이들은 빨간 코의 루돌프 사슴을 타고 빨간색 보따리를 어깨에 걸치고 빨간색 옷을 입고 굴뚝을 타고 내려온다는 산타클로스를 기다린다. 그리고 굴뚝도 없는 집에 살면서 양말을 걸어놓고 빨간색 선물 보따리 속에서 무슨 선물이 나올까 궁금해한다. 크리스마스가 왜, 대체 언제부터 빨간색 이미지를 갖게 된 것일까?

　발단은 우리가 아무런 의심 없이 받아들이고 있는 산타클로스의 빨강 옷 색깔에서 비롯되었다. 산타클로스는 터키 지방에 살았던 니콜라스 성인을 영어식으로 발음한 데서 비롯되었다고 한다. 그가 어린아이들을 사랑해서 선물을 나눠주었던 것은 틀림없지만 우리가 알고 있는 빨간색 옷을 입고 돌아다녔을 리는 없다. 틀림없이 근엄하고 경건한 모습이었을 성 니콜라스의 모습을 뚱뚱하고 마음씨 좋은 하얀 수염의 할아버지로 바꾸고 흰색 벨트를 두른 빨간색 옷을 입힌 주체는 바로 코카콜라이다. 겨울철에 판매량이 줄자 산타클로스가 등장하는 광고를 만들었다는데, 이 광고를 통해 커다란 선물 보따리를 들고 과자와 콜라를 먹고 마시는 자본주의적 산타클로스가 탄생한 것이다. 흰색 털이 달린 빨간색 옷의 산타클로스 이미지는 코카콜라 라벨의 겨울 버전인 것이다. 빨간색 라벨을 온몸에 두른 산타는 선물 보따리를 어깨에 둘러메고 눈을 찡긋하며 말한다. "마시자! 코카콜라! 상쾌한 이 순간!" 코카콜라가 산타클로스를 광고 모델로 내세운 이후 겨울철 판매량이 늘었음은 말할 것도 없다. 덕분에 우리는 크리스마스를 빨간색의 산타 이미지와 함께 기억한다. 빨간색 산타는 하늘을 날아다니며 크리스마스를 나눠주고, 크리스마스가 전파되는 곳마다 코카콜라의 마법을 전파하는 것이다.

매년 겨울이 시작됨과 동시에 전세계는 빨강의 선물과 축복을 기다린다. 그리고 크리스마스의 전속 모델은 예수가 아니라 산타가 되었다. 아이들뿐 아니라 어른까지 선물을 기다리며 백화점과 매스미디어까지 가세해 선물을 주고받으라고 부추긴다. 빨간색 크리스마스는 무엇인가를 사야만 사랑을 주고받을 수 있는 크리스마스인 것이다. 파랑색 옷을 입고 실용주의와 청교도적 금욕과 자본 축적의 자유를 온 세계에 전파하는 사도임을 주장하는 사람들이 먹고 마시고 즐기고 소비하자고 전세계인들에게 빨간색으로 말하고 있는 것이다. 그때에도 역시 빨강은 맡은 책임을 다하고 있다. 그들이 소유한 빨강은 정치 혁명의 표지가 아니라 무한하게 욕망을 추구하자고 외치는 욕망 혁명의 표지다. 빨강은 말한다. 마음껏 먹자! 마음껏 마시자! 마음껏 섹스하자! 마음껏 즐기자! 마음껏 사들이자! 우리의 욕망을 막는 것은 아무 것도 없다.

뉴욕에서 활동하는 예술가 바바라 크루거는 1991년 메리 분 갤러리의 천장과 바닥을 온통 빨간색 바탕에 하얀 글자들로 가득 채운 적이 있다. 벽에는 젖병을 문 아기 사진, 늑대의 눈을 담은 광고, 입을 크게

메리 분 갤러리, 바바라 크루거

빨강은 도처에서 우리를 향해 외친다.
그것은 때로 자본과 소비의 유혹으로, 때로는 그것을 환기시키는 경고의 목소리로 나타난다.

벌리고 고함 지르는 얼굴 등 잡지 어디선가 본 듯한 흑백의 이미지들이 벽을 가득 채울 만큼 크게 확대하여 그려져 있다. 늑대의 눈 위에는 "당신은 당신의 그 놈팽이에게 충성을 맹세한다"라는 슬로건이 빨간색 띠 위에 쓰여 있고 고함 지르는 얼굴에는 "모든 폭력은 뻔한 비극적 전형의 일러스트레이션이다"라는 문장이 쓰여 있다.

이 작품 이전에도 이미 슬로건이 쓰여진 빨간색 띠를 대중매체의 이미지들 위에 겹쳐놓음으로써 당대에 문제가 되고 있는 사회적 이슈들에 대해 발언해 왔던 작가가 이번에는 갤러리 공간 전체를 빨간색 슬로건으로 도배해 버린 것이다.

갤러리 안으로 들어간 관객은 우선 빨간색에 압도당한다. 게다가 그것은 관객이 예상하듯이 흰 벽에 다소곳하게 걸려 있는 그림이 아니라 공간 전체를 가득 채워버린 글자들이다. 그 빨간색으로 둘러싸인 글자들을 읽으려 눈이 바닥을 더듬는 사이 또 다른 글귀들이 읽는 것을 방해하고 간섭한다. 그런가 하면 바닥의 글귀를 읽으려면 이번에는 벽과 천장에 쓰여 있는 글귀와 그림들이 방해하고 자꾸 끼어 들어온다. 그 공간 안에 들어간 관객은 온통 이쪽저쪽 위아래에서 마구 내달리는 빨간색 글자들의 외침에 정신이 없어 귀를 막아야 할지도 모르겠다. 그리고 그 방안에 결코 오래 머물 수 없어 도망치듯 나와야 할지도 모른다. 그는 빨강에 포위되어 공격당하고 있는 것이다.

그녀는 주로 자본주의가 숨기는 폭력적인 요소들에 대해 폭로와 각성을 담고 있는 작품들을 제작해 왔다. 그 안에 여성의 권익 문제가 포함되어 있음은 말할 것도 없다. 그중 가장 잘 알려진 작품이 「무제」인

「무제」, 바바라 크루거

여성의 몸은 여러 가지 이데올로기들이 접전하는 전쟁터와도 같다.
이 작품은 바바라 크루거가 낙태 지지 시위를 위한 포스터로 제작한 작품이다.

데, 흔히 거기 쓰여진 슬로건 때문에 「당신의 몸은 전쟁터입니다」 (1989)라는 이름으로 알려져 있다. 이 작품 역시 빨간색 바탕에 하얀 글씨로 쓴 슬로건이 눈에 띈다. 슬로건의 배경은 여성 모델의 얼굴을 반으로 나눠 절반을 네거티브 필름으로 인화한 흑백 사진이다. 이 작품은 실제로 갤러리 전시용으로 제작된 것이 아니라 거리 시위용으로 제작된 것이다. 시위 때 사용된 포스터에는 사진 밑에 다음과 같은 글귀가 붙어 있다. "낙태 지지, 산아 제한, 여성의 권리." 역시 이 슬로건은 빨간색 바탕에 흰 글씨로 적혀 있다. 포스터로 사용되었던 이 작품은 나중에 우편 엽서로도 제작되었다.

바바라 크루거는 예술이 갤러리 안에 다소곳이 걸려 상품으로 팔려 나가는 것이 되어서는 안 된다고 생각했던 것 같다. 그녀에게 예술은 발언하는 것이고 행동하는 것이며 세상을 바꿔나가는 것이다. 그런 그녀에게 빨간색 슬로건은 이의를 제기하고 각성을 촉구하는 색이다. 그녀가 빨간색을 동원하여 공격하고 있는 대상은 일상 속에서 보이지 않는 방식으로 우리를 지배하고 있는 이데올로기들이다.

메리 분 갤러리의 이 작품 역시 같은 의도를 담고 있다. 이전부터 그녀는 그녀가 주장하는 의미를 강하게 전달하기 위해 작품에 빨간색을 동원했지만 이 작품에서는 아예 빨간색 슬로건들이 공간 전체를 가득 메우고 있다. 과거의 작품이 거리 위를 행진하며 주위의 눈길을 끈 반면 이 작품은 전시장 내부에 자리잡고 있으므로 더 시끄러워야 했을지도 모르겠다. 그것은 어쩌면 갤러리 바깥의 시끄러움을 피해 고상하게 작품을 감상할 요량으로 갤러리를 찾은 사람들을 목표로 한 것인지도

「빨간 실내」, 앙리 마티스
마티스가 사용한 빨강은 아무 것도 상징하지 않는 빨간색 빛 그 자체이다.
그러나 우리 주변의 빨강은 늘 무언가를 말하고 있다.

모른다. 이 빨강의 공간은 그 사람들의 요구를 무시하고 외친다.

당신 뒷전에 있는 것처럼 보이는 모든 것이 지금 당신에게 말하
고 있다.
귀머거리처럼 보이는 모든 것이 당신에게 귀기울이고 있다.
벙어리처럼 보이는 모든 것이 당신 마음을 읽고 있다.
장님처럼 보이는 모든 것이 당신을 꿰뚫어보고 있다.

수수께끼처럼 들리는 이 메시지는 우리가 의식하지 못하는 사이 우
리를 지켜보다가 우리가 무엇을 원하는지 모두 알아내어 우리의 마음
을 흔들고 우리를 욕망하게 하며 행동하게 하는 그 무엇이 있다는 소리
같다. 그것은 갤러리 안에도 있고 바깥에도 있다. 또한 그것은 빨강의
방식으로 우리를 잠식하고 우리를 점령한다. 그녀는 그러므로 빨강으
로 그에 대적하여 싸우는 것이다. 빨강은 또한 그 진가를 유감없이 발
휘한다. 빨강은 우리를 멈추게 하며 우리에게 명령하고 있지 않은가.
빨강과 싸울 것인가, 빨강이 될 것인가.
당신이라면 빨강 앞에서 어떤 선택을 할 것인가.

에필로그
열정적이고 도발적인 빨강의 여행

빨강의 여행을 끝냈다. 뜨겁고 정열적이며 도발적인 여행이었다.

처음엔 저 멀리서 빛을 내며 눈길을 끄는 색에 이끌려 그 세계로 빨려 들어갔다. 그 속에서 하늘의 태양과 내 몸속의 피는 한 갈래였고 적어도 내가 빨강 속에서 불타오르고 있는 동안 그것은 마법 같은 효력을 발휘했다. 빨강은 힘을 선사하고 영원을 선사한다. 빨강을 소유하는 자는 이 세상에서 가장 빛나는 존재다. 빨강은 불과 같아 한번에 맹렬하게 타지만 그 불이 사그라지면 순식간에 차갑게 변한다. 그때는 빨강의 바깥으로 나올 수밖에 없다.

밖에서 바라본 빨강은 위험하고 불안하다. 빨강은 주변의 것들을 유혹하며, 그 유혹은 그것을 두려워하는 자들이 붙인 금지의 딱지로 인해 더욱 강하고 매혹적이 된다. 빨강을 맛보고 난 후에 빨강 안에 머무를 수도, 빨강에서 걸어나올 수도 없는 자들은 불안하다. 그들은 오지도 가지도 못한 채 빨강의 노예가 된다. 그러므로 모든 불안한 영혼들에게 빨강은 지옥과도 같다.

그러나 모든 것을 버리고 빨강을 얻으려는 자들에게 빨강은 저 높은 곳에서 손짓하며 힘을 준다. 빨강은 활력을 주고 용기를 주고 약속을

준다. 빨강은 인간이 마지막으로 얻을 수 있는 가장 훌륭한 것으로도
나타난다. 하지만 빨강을 얻지 못하면 곧장 정반대의 것으로 추락한다.
빨강은 가장 신성하고 위대한 것이거나 정반대로 가장 추하고 나쁜 것
이 된다. 빨강은 가장 고귀한 것이거나 가장 천박한 것이 된다.

　하지만 빨강은 밑바닥으로 추락한다 해도 얌전히 있는 법이 없다. 빨
강은 반역을 꾀하고 가치를 뒤집는다. 가장 낮은 것을 높은 것으로, 나
쁜 것을 좋은 것으로, 추한 것을 아름다운 것으로 뒤바꿀 수 있는 것이
빨강이다. 그러기 위해 싸운다. 불처럼 맹렬하게.

　빨강은 그래서 소란스럽다. 그것은 활발한 에너지를 가지고 있으며
무엇인가를 향해 번져가기 위한 만반의 준비를 갖추고 있다. 빨강이 지
나간 자리에는 활기가 샘솟고 구경거리와 소문거리가 만들어진다. 빨
강은 스캔들을 일으킨다. 사람들은 그 스캔들이 무엇이든 주의를 기울
인다. 부러움을 사는 것이든 비난을 사는 것이든 말이다. 그러므로 빨
강은 경탄의 장소거나 비난의 장소에 자리잡고 있다.

　빨강은 이것 아니면 저것이며, 모든 것 아니면 아무것도 아닌 극단적
인 색이다. 이럴 수도 있고 저럴 수도 있는 우유부단한 색도 아니고 그

저그런 평범한 색도 아니다. 그러므로 보통과 평범과 무사안일은 빨강의 주인이 될 수 없다. 그것은 비난을 감수하고라도 독자적으로 존재하고자 하는 자의 편에서 빛난다. 그 빛은 단호하며 명료하다. 군더더기없이 직접적이므로 강렬하다. 그 강렬함이 지나칠 때는 두려움을 준다. 빨강과 부딪혀 싸우려는 자에게 빨강은 증오와 분노와 폭력을 배가시킨다. 그때 빨강은 모든 것을 부정하는 색이다. 폭발하는 분노가 불타오르고 꺼지면 아무것도 남지 않는다. 그러므로 빨강은 모든 것을 소멸시키고 없애버릴 수도 있는 색이다.

정반대로 죽은 것처럼 보이는 것을 살아나게 만드는 것도 빨강이다. 그것은 무엇보다도 소생시키는 색, 다시 태어나게 하는 색, 생명을 주는 색이다. 자연 속에서 죽은 것들은 결코 빨강일 수 없다. 빨강은 살아 있는 것들의 색이다. 살아 있는 동안에만 가질 수 있는 색이다. 그것은 피와 불, 살아 있는 생명의 불꽃, 우주의 생명 에너지를 담고 있다. 그것은 가장 먼저 색으로 나타나 우리가 색을 볼 수 있는 마지막 날까지 색으로 남아 있을 색이다. 우리가 빨강을 볼 수 없다면 아무 색도 볼 수 없는 것이다. 우리 안에 빨강이 없다면 우리는 살아 있지 않은 것이다.

그것이 사랑의 빨강이든 증오의 빨강이든 좋은 빨강이든 나쁜 빨강이든 말이다. 삶의 여행은 빨강을 간직한 여행이다. 그러므로 빨강이 사라지면 삶의 여행도 끝난다. 강렬하고 도발적인 매혹과 두려움을 한꺼번에 선사하는.

■ 참고 문헌

「거세냐 참수냐」 앨런 식수, 계간《세계의 문학》94호, 1999

「꽃, 그 화려한 은밀함」 최재천,《하나은행 사보》, 70호, 2003

『게르만 신화 바그너 히틀러』 안인희, 민음사, 2003

『고구려 고분벽화 연구』 김용준, 열화당, 2001

『그리스 신화』 카를 키레니, 장영란·강훈 옮김, 궁리, 2002

『그림형제 동화전집』 그림 형제, 현대지성사, 1998

『내 혀가 입 속에 갇혀 있길 거부한다면』 김선우, 창작과비평사, 2000

『도도한 알코올-와인의 역사』 로드 필립스, 이은선 옮김, 시공사, 2002

『러시아 문화예술: 천년의 울림』 이덕형, 성균관대 출판부, 2001

『로트렉-몽마르트르의 빨간 풍차』 앙리 페리쇼, 강경 옮김, 다빈치, 2001

『미의 역정』 리쩌호우, 윤수영 옮김, 동문선, 1994

『베이컨-회화의 괴물』 크리스토퍼 도미노, 성기완 옮김, 시공사, 2001

『벽화로 보는 이집트 신화』 멜리사 애플게이트, 정규용·최용훈 옮김, 해바라기, 2001

『변신이야기』 오비디우스, 이윤기 옮김, 민음사, 1994

『블루-색의 역사』 미셸 파스투로, 고봉만·김연신 옮김, 한길아트, 2001

『사회주의 리얼리즘』 존 버거, 열화당, 1988

『산해경』 정재서 역주, 민음사, 1995

『색깔의 힘』 하랄드 브렘, 김복희 옮김, 유로서적, 2002

『색의 유혹 1』 에바 헬러, 이영희 옮김, 예담, 2002

『색채-그 화려한 역사』 만리오 브루사틴, 정진국 옮김, 까치, 2000

『색채의 영향』 파버 비렌, 김진한 옮김, 시공사, 1996

『스페인 문화예술의 산책』 마상영, 청동거울, 2000

『신화와 점성학』 리즈 그린, 유기천 옮김, 문학동네, 2000

『아방가르드와 현대성』 보리스 그로이스, 최문규 옮김, 문예마당, 1995

『안데르센 동화전집』 안데르센, 윤후남 옮김, 현대지성사, 1997

『에로티즘』 조르쥬 바타이유, 민음사, 2000

『여덟가지 색으로 풀어본 색의 수수께끼』 마가레테 브룬스, 조정옥 옮김, 세종연구원, 1999

『옛 이야기의 매력 1』 브루노 베텔하임, 김옥순 옮김, 시공주니어, 1999

『오이디푸스왕』 소포클레스, 황문수 옮김, 범우사, 2000

『우리 그림의 색과 칠』 정종미, 학고재, 2001

『원시미술의 세계』 임두빈, 가람기획, 2001

『이집트 미술』 야로미르 말레크, 원형준 옮김, 한길아트, 2003

『이집트 신화』 조지 하트, 이응균·천경호 옮김, 범우사, 2000

『자연염색』 이승철, 학고재, 2002

『정치적으로 올바른 베드타임 스토리』 제임스 핀 가너, 김석희 옮김, 실천문학사, 1996

『좋아!』 블라디미르 마야꼬프스끼, 석영중 옮김, 열린책들, 1993

『중국영상문화의 이해』 인홍, 이종희 옮김, 학고재, 2002

『중국영화의 미래』 지아장커, 이병원 옮김, 현실문화연구, 2002

『초기 그리스도교와 비잔틴 미술』 존 로덴, 임산 옮김, 한길아트, 2003

『코카콜라는 어떻게 산타에게 빨간 옷을 입혔는가』 김병도, 21세기북스, 2003

『파리의 우울』 샤를 보들레르, 윤영애 옮김, 민음사, 2000

『혁명의 문화사』 강내희 외, 이후, 1999

『Color and culture』 John Gage, Thames and Hudson Ltd., 1999

『Color and meaning』 John Gage, Thames and Hudson Ltd., 2000

『Color symbolism』 Adolf Portman etc., Spring Pub., 1977

『Color perception in art』 Faber Birren, Schiffer Pub., 1986

『Edvard Munch』 Alf Boe, Academy Editions, 1989

『History of color in painting』 Faber Birren, Reinhold Pub. Corp., 1965

『Modern art』 David Britt, Thames and Hudson Ltd., 1989

『Thinking of you』 Barbara Kruger, Museum of Contemporary Art; Mit Press, 1999

빨강

2005년 2월 21일 │ 초판 1쇄 인쇄
2005년 2월 28일 │ 초판 1쇄 발행

지은이 │ 김융희
발행인 │ 전재국

단행본사업본부장 │ 진정현
편집주간 │ 이동은
책임편집 │ 최가영, 오지명

발행처 │ (주)시공사
출판등록 │ 1989년 5월 10일 (제3-248호)

주소 │ 서울특별시 서초구 서초동 1619-4 (우편번호 137-878)
전화 │ 편집 (02) 588-6592 · 영업 (02) 588-0833
팩스 │ 편집 (02) 523-2558 · 영업 (02) 588-0835
홈페이지 │ www.sigongsa.com
값 12,000원

ISBN 89-527-4276-1 03900

파본이나 잘못된 책은 교환하여 드립니다.